KLARTEXT

Bildnachweis:
Imago Images: S. 8: Star-Media, S. 10: Marion Vogel, S. 11: Eventpress, S. 37: ZUMA/Keystone, S. 38: BRIGANI-ART, S. 45: POP-EYE, S. 50: Kosecki, S. 61: Franziska Poreski, S. 72/73: POP-EYE, S. 78: agefotostock, S. 79: Carsten Thesing, S. 82: Eßling, S. 83: BRIGANI-ART, S. 87: Max Stein, S. 92/93: ZUMA Wire, S. 103: Sven Lambert, S. 107: IP3Press; picture alliance: S. 5: dpa/ Revierfoto, S. 6/7: Caroline Seidel, S. 9: Sven Simon/Malte Ossowski, S. 18:/-, S. 21: dpa/ Jens Kalaene, S. 22/23: Horst Ossinger, S. 24/25: Achim_Scheidemann, S. 33: augenklick/ firo Sportphoto/firo/El-Saqqa, S. 44: Marcel Kusch, S. 47: Ulrich Hufnagel, S. 48: Norbert Schmidt, S. 52: Frank Leonhardt, S. 53: Federico Gambarini, S. 55: Marius Becker, S. 59: Achim_Scheidemann, S. 62/63: Thomas Frey, S. 66: Bernd Weissbrod, S. 75: jazzarchiv/Isabel Schiffler, S. 76: Jan-Phillip Strobel, S. 85: Eventpress/Mathias Krohn, S. 86: Herbert Spies, S. 88: Johannes Eisele, S. 91: dpa/Rainer Jensen, S. 94: Lisa Ducret, S. 97: Achim_Scheidemann, S. 105: Norbert Schmidt, S. 110: Marco Thiele/CITYPRESS, S. 117: David Young, S. 118: dpa/Rolf Vennenbernd; S. 43: bmovie Pressefoto; S. 13: © Sabine Schwabroh; S. 39: © Andreas Möltgen Fotografie, S. 71: © Gerhard Heidorn

Bibliografische Information der Deutschen Nationalbibliothek
Die Deutsche Nationalbibliothek verzeichnet diese Publikation in der Deutschen Nationalbibliografie; detaillierte bibliografische Daten sind im Internet über portal.dnb.de abrufbar.

Impressum
1. Auflage September 2022
Layout und Satz: LieblingsGrafik, Kleve
Umschlaggestaltung: Guido Klütsch, Köln
Umschlagabbildungen: Adobe Stock/Gehkah (Schild), Adobe Stock/lesniewski (Helgoland), IMAGO/Norbert Schmidt (Bierdose), pa/dpa/Revierfoto (Band), pa/dpa/Rainer Jensen pa/U. Hufnagel (Fahne)
Autorenfoto Umschlagklappe: Gerhard Heidorn
Druck und Bindung: Linsen Druckcenter GmbH, Siemensstraße 12–14, 47533 Kleve

ISBN 978-3-8375-2500-7

KLARTEXT

Jakob Funke Medien Beteiligungs GmbH & Co. KG
Jakob-Funke-Platz 1, 45127 Essen
info.klartext@funkemedien.de
www.klartext-verlag.de

Hollow Skai

Die Toten Hosen

Populäre Irrtümer und andere Wahrheiten

Inhalt

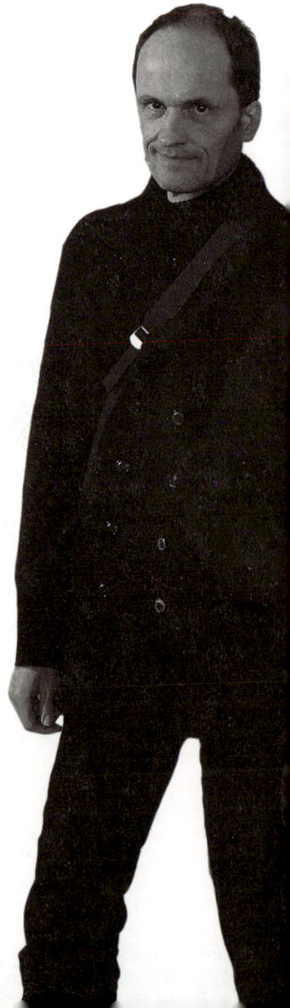

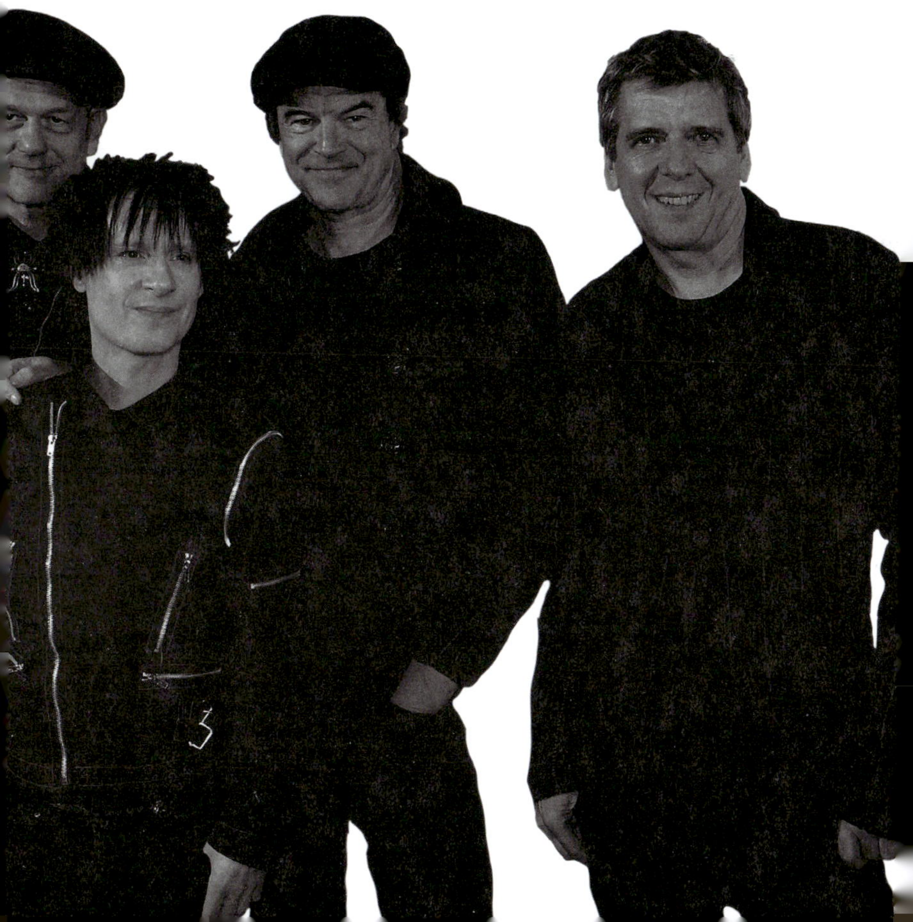

Zum Geleit

Zu Beginn ihrer Karriere schrieben Die Toten Hosen mir jedes Jahr eine Weihnachtskarte. Dann lernte ich sie bei einem Konzert persönlich kennen und wurde Zeuge ihres Auftritts im Haus des niedersächsischen Ministerpräsidenten. Für den *stern* begab ich mich mit ihnen auf eine *Magical Mystery Tour*. Vom Fall der Berliner Mauer erfuhren wir gemeinsam in einem Pariser Hotel. Ich habe sie im Vorprogramm von U2 erlebt und verschaffte ihnen einen Auftritt in der *Schmidt Mitternachtsshow*, zu einer Zeit, als die TV-Sender sie nur mit der Kneifzange anfassten. Und in der Alsterdorfer Sporthalle in Hamburg machte ich ein paar Punkte, als die Hosen mich inmitten von Teenies in der fünften Reihe entdeckten.

Gegenüber Freunden musste ich mich oft rechtfertigen, weil ich sie geil fand oder wenn Campino im Fernsehen mal wieder die Zuschauer polarisierte. Meistens habe ich sie (und mich) verteidigt – bis auch mir ihr Super-Hit „Tage wie diese" zu den Ohren raushing.

Aber dann las ich Philipp Oehmckes offizielle Biografie *Am Anfang war der Lärm* und Campinos Familiensaga *Wie ich einmal englischer Meister wurde* – und war wieder voll infiziert.

Heute bin ich sozusagen ein lebender Beweis, dass Campino & Co. nicht als Einzige gealtert sind. Aber wer sagt denn, dass man im Alter dazu neigt, nur noch klassische Musik zu hören? Manchmal ist es auch sehr schön, wenn eine Band es ordentlich krachen lässt – und einfach ihren Weg geht, ohne zu wissen, wohin er sie führt. Respekt!

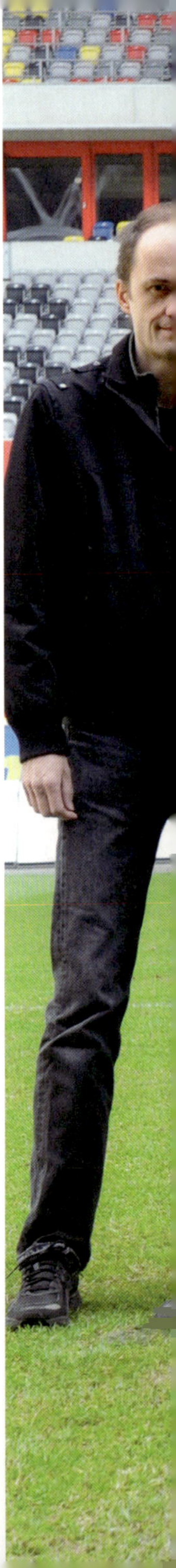

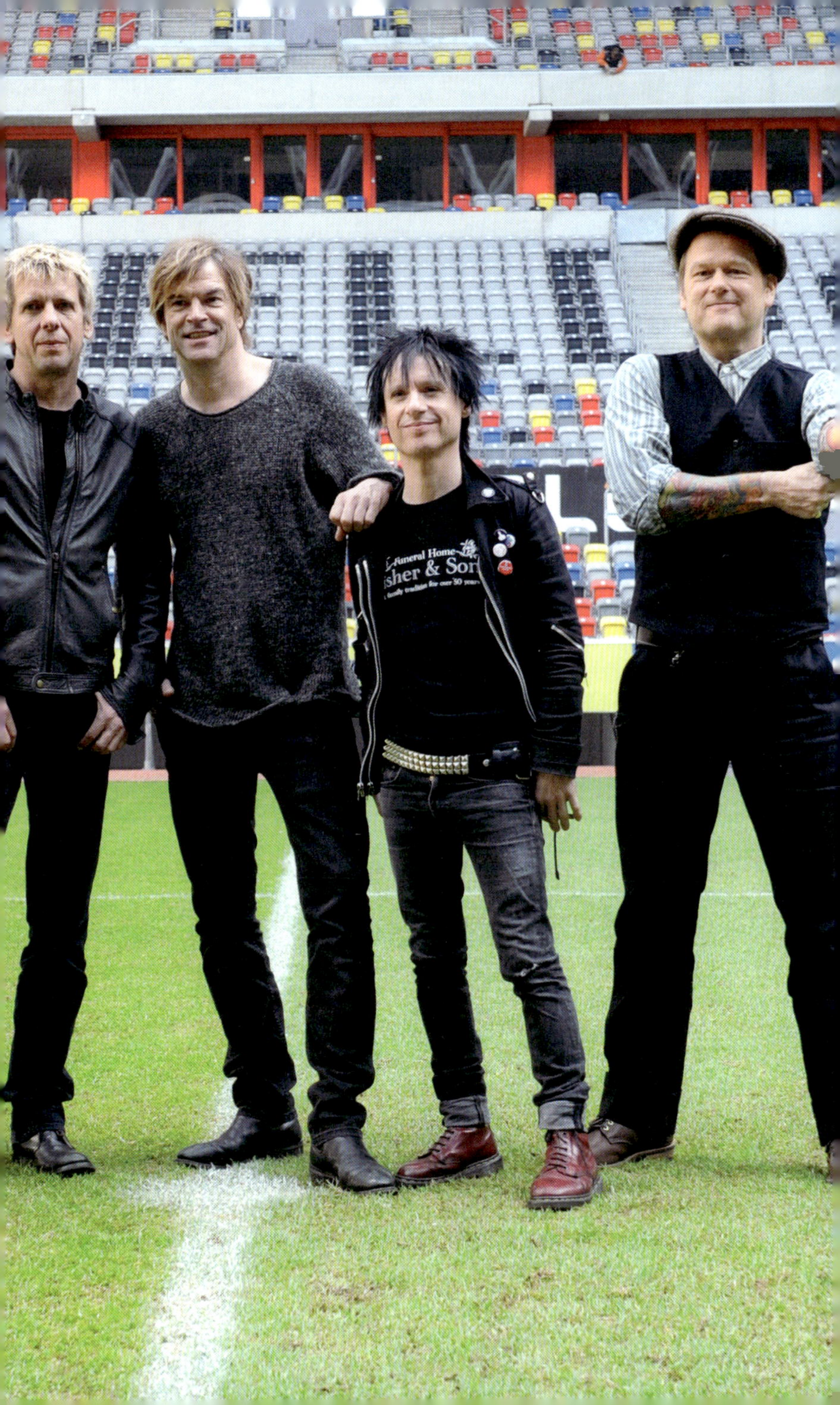
Funeral Home

Mitwirkende I

Von den Schlagzeugern mal abgesehen, bestehen Die Toten Hosen auch nach 40 Jahren noch in ihrer ursprünglichen Besetzung.

CAMPINO ALIAS ANDREAS FREGE

Der Sänger der Toten Hosen lernte das Notenlesen in der Musikschule Mettmann, hatte vier Jahre lang klassischen Trompetenunterricht und kam sogar einmal beim Sankt-Martin-Zug zum Einsatz. Von seinem zwölf Jahre älteren Bruder John erhielt er ein Mikrofon geschenkt und wurde zu einem Konzert der Gruppe Count Bishops in den Londoner Rock Garden mitgenommen, was sein Leben entscheidend veränderte. Ihr Verhältnis beschrieb Campino einmal so: „John war Vater Graf. Ich war die Steffi."

Der Prediger, wie er von seiner Gang auch lange Zeit genannt wurde, war bereits in so gut wie jeder Talkshow zu Gast,

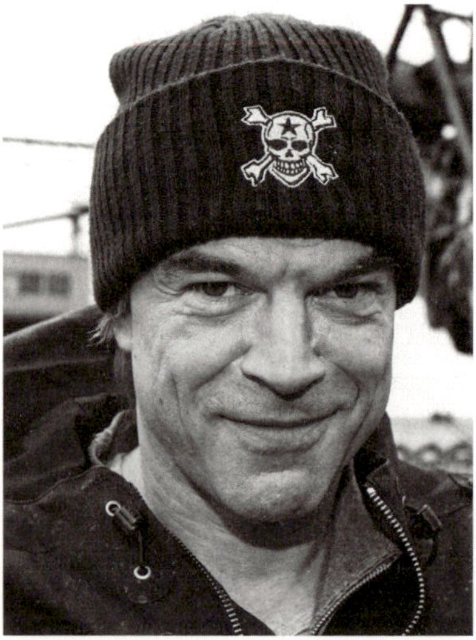

in Kinofilmen und auf Theaterbühnen zu sehen, beschrieb in *Hope Street*, wie er einmal englischer Meister wurde, und ist mit prominenten Sportlern wie dem Handballer Stefan Kretzschmar, dem Eishockey-Profi Uli Hiemer, dem Fußballer Didi Hamann und dem Trainer Jürgen Klopp befreundet. Im *aktuellen sportstudio* des ZDF durfte er sogar schon mal auf die Torwand schießen. Größter Erfolg: ein

Anruf der Bundeskanzlerin Angela Merkel, die sich für das Schänden des Hosen-Hits „An Tagen wie diesen“ durch CDU-Granden bei ihm entschuldigte. Sein Credo: „Wie du durch das Leben gehst, so kommt das irgendwie auch zurück“.

ANDREAS VON HOLST

Andreas von Holst, besser bekannt als Kuddel, ist „der einzige Musiker in der Band“. Ihre ersten Platten hat Kuddel fast allein aufgenommen. „Wir haben es immer so gehalten: Wer etwas am besten konnte, der hat es eingespielt.“

Kuddel schreibt auch heute noch die meisten Songs. Im Fachblatt *Guitar* erklärte er das Geheimnis ihres Erfolgs: „Ganz wichtig war, dass wir die Sachen so einfach wie möglich gehalten haben. Ich habe immer dazu geneigt, etwas zu viel zu spielen, und besonders Campino war derjenige, der mich gebremst hat.“

Kuddel begegnete Campino zum ersten Mal in einem öffentlichen Verkehrsmittel: „Ich war zusammen mit Freunden auf dem Weg ins Okie Dokie, das legendäre Mekka der Punks in Neuss. Damals ist Campi gut gelaunt in unsere Straßenbahn zugestiegen. Er hatte einen Koffer dabei – mit lauter Sachen, die er für einen Gig benötigte: Taucherbrille, Mikrofon, Zauberkasten, Trompete und so weiter. Ich wusste bis zu dem Zeitpunkt nicht, dass an diesem Tag ZK im Okie Dokie spielten, geschweige denn, dass Campi der Sänger von ZK war.“ Kurz darauf schloss sich Kuddel ZK als Gitarrist an.

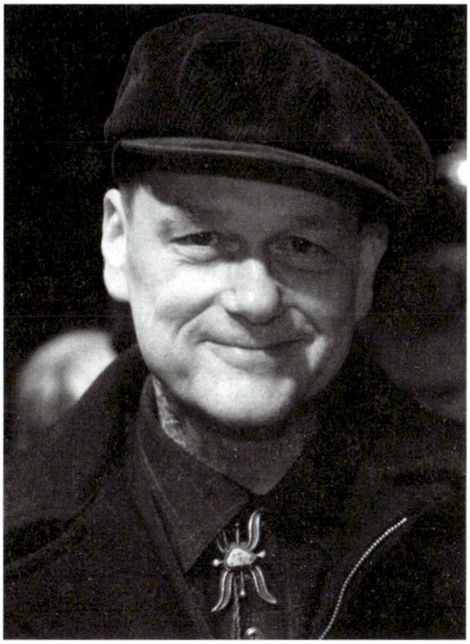

Als „der einzige prädestinierte Musiker" der Hosen Anfang der 1990er Jahre alkoholabhängig und spielsüchtig wurde, hätten sich die Hosen fast aufgelöst, und ein zweites Mal, so der Hosen-Biograf Philipp Oehmcke, erschütterte er das Gleichgewicht der Band, als er mit 27 zum ersten Mal Vater wurde. Mittlerweile ist er schon seit langem trocken, von Kopf bis Fuß tätowiert, ein begeisterter Hobby-Koch und sozusagen Campinos „Übersetzer". Ohne Kuddel, sei er, sagt Campino von sich, nicht für eine Band zu gebrauchen.

ANDREAS „ANDI" MEURER

Andi Meurer betätigte sich zu ZK-Zeiten als Fotograf und angeblich auch als Roadie, wusste anfangs aber weder, wo ein F noch wo ein G ist, weshalb er sich darauf beschränkte, zunächst nur auf zwei Saiten Bass zu spielen.

Als Vorsitzender der Toten-Hosen-Cover-AG kümmert er sich um die Gestaltung der CD-Cover und T-Shirts und bestimmt so nicht unwesentlich das visuelle Erscheinungsbild der Band. Den bandeigenen Merchandise-Shop erweiterte er um eine ganze Modelinie, er gibt die Video-Clips in Auftrag und nimmt sie ab und ist auch mit Andreas Gursky befreundet, dessen Bild von einem Hosen-Konzert in der Dortmunder Westfalenhalle sowohl im New Yorker Museum of Modern Art als auch im Kölner Museum Ludwig hängt.

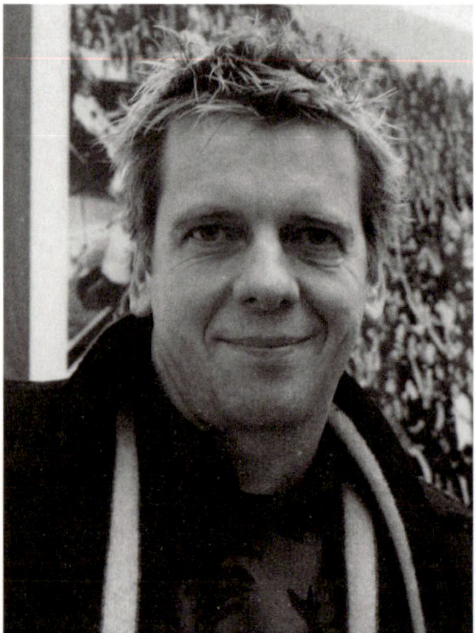

MICHAEL „BREITI" BREITKOPF

Breiti stieß als Letzter zur Band und ist ein „Rhythmusgitarrist mit dem unerschütterlich coolen Aussehen eines Kabelfernsehtechnikers" (Philipp Oehmcke). Er war Trini Trimpop auf dem Video des ZK-Abschiedskonzerts aufgefallen, weil er in der ersten Reihe gestanden und eine Fahne geschwenkt hatte: „Hey, wer ist der Typ? Den müssen wir haben!" Wie sich herausstellte, waren Campino und Breiti zusammen zur Schule gegangen, und Breiti hatte mit vierzehn eine Klampfe geschenkt bekommen, was ihn geradezu zum Gitarristen prädestinierte.

Bei Heimat denkt er an „einen Hund, der auf den Bürgersteig kackt". Bus zu fahren ist seine Lieblingsbeschäftigung („am liebsten durch Südamerika"). Der persönlichste Gegenstand in seiner Wohnung ist seine Zahnbürste. Und sein lakonischer Humor passt wunderbar zu seiner zurückhaltenden Art.

Breiti bewundert Mahatma Gandhi, Che Guevara und Diego Maradona und empfand die Arbeit mit psychisch Kranken während seines Zivildienstes nicht als Frondienst, sondern als Bereicherung. Er ist geradezu das soziale Gewissen der Band und hält den Kontakt zu Menschenrechtsorganisationen wie PRO ASYL oder SOS Méditerranée. Als der Redakteur der Kundenzeitschrift *WOM Journal*, Michael Sailer, den Hosen einst eine „zwanghafte politische Korrektheit" vorwarf, konterte er selbstbewusst: „Das ist doch nicht zwanghaft. Wenn du eine bestimmte Meinung hast, warum sollst du die nicht sagen?"

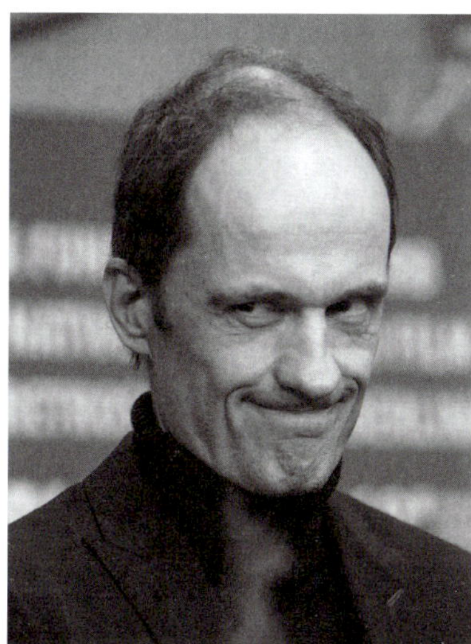

Spökes & Späßeken

ZK, die Vorgänger der Toten Hosen, gelten als Erfinder des Fun-Punk.

Der Zeitpunkt, um eine Band zu gründen, konnte Ende der 1970er, Anfang der 1980er Jahre kaum besser sein. Denn damals gab es, wie Campino mal bemerkte, „so ein Zusammengehörigkeitsgefühl, das Empfinden, in einer Bewegung und Entwicklung zu stecken. In dieser Zeit zählte Perfektion weit weniger als eine gute Idee oder zumindest die Überzeugung, eine gute Idee zu haben. Man konnte sich austoben, alles war erlaubt, die Toleranz bei den Zuschauern, Medien und Bands war groß. Für junge aufstrebende Bands war das natürlich ideal, ihnen wurde jeder Dilettantismus verziehen."

So auch ZK, die im Keller des Düsseldorfer Plattenladens Rock On probten und im Ratinger Hof, einem Epizentrum der Neuen Welle, vor ihren abendlichen Auftritten auch Kinderkonzerte gaben. Ihr Sänger, der sich anfangs „der große Campino" nannte und auch Trompete spielte, machte laut Jürgen Engler (Male) „immer viel Spökes" und war dem S.Y.P.H.- und späteren Fehlfarben-Gitarristen Thomas Schwebel zufolge eine „geborene Rampensau". Zu den Gründern der Band zählten auch „Fabsi" Fabian, der heute bei Die Mimmis spielt, und „Isi" Isbert, der später die Panhandle Alks gründete. 1980 stieß Kuddel als Gitarrist dazu, und auch Andi Meurer war damals schon Teil der chaotischen Punk-Truppe, „angeblich als Roadie und Fotograf".

Jedoch nicht jeder konnte über den Humor dieser rheinischen Frohnaturen, die heute als Erfinder des Fun-Punk gelten, lachen. Nachdem ZK am 29. Juni 1979 auf dem *In die Zukunft*-Festival in der Hamburger Markthalle gespielt hatten und Campino nicht nur in einer Krachledernen aufgetreten war, sondern auch noch Freddy Quinns Schlager „Heimweh" gesungen hatte, gab's „Pfiffe von Verhärmten" (so die *taz*).

Drei Jahre lang spielte die Vorgänger-Band der Toten Hosen in Kneipen und Jugendclubs, mal vor fünfzig und mal vor fünfhundert Leuten. „Es gab Abende“, erinnerte sich Campino 1991 in der Musikzeitschrift *Spex*, „da war das Publikum einfach mies drauf, und dann hieß es: Mein Gott, schon wieder die Späßekenmacher aus Düsseldorf.“

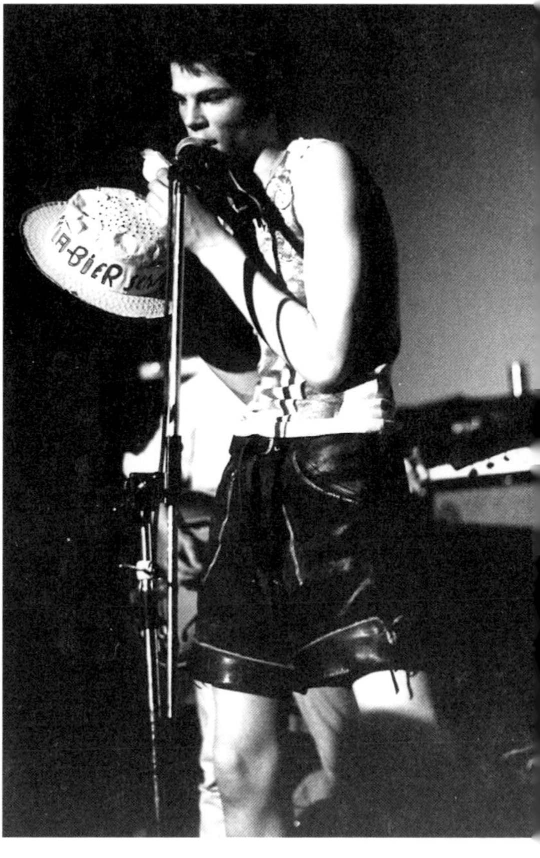

Gemäß ihrer Devise „ein Album und dann ist Schluss“ nahmen ZK 1981 die LP *Eddie’s Salon* auf und gingen gleich nach der Veröffentlichung auf Abschiedstour.

Am 21. November 1981 gaben sie im Neusser Okie Dokie, wo sie im Mai 1979 auf dem *Sauhatz-Festival* zum zweiten Mal überhaupt aufgetreten waren, ihr Abschiedskonzert und lösten sich auf. Campino, Andi und Kuddel gründeten anschließend Die Toten Hosen, während Fabsi nach Bremen zog und dort erst das Weser-Label und dann Die Mimmis gründete.

Der Kontakt brach jedoch nie ab, und als Fabsi im Dezember 2021 eine liebevoll aufbereitete Jubiläumsedition von *Eddie’s Salon* veröffentlichte, schlug die Rakete nach einem 40-jährigen Flug endlich ein – und zwar auf Platz 13 der deutschen Album-Charts.

AHA!

Kult-Karre

Mit ihrem Debütalbum trat die Opel-Gang das Gaspedal durch und hängte alle anderen Bands mühelos ab.

Als das erste Album der Toten Hosen erschien, ging es, wie Rocko Schamoni in seinem autobiografischen Roman *Dorfpunks* schreibt, „wie ein inländischer *Never Mind The Bollocks*-Komet über dem norddeutschen Punkhimmel auf. Diese Platte war ein neuer Kraftschub für unsere Bewegung. Es wurde nichts anderes mehr gehört, nur noch *Opel-Gang*."

Auch Die Ärzte waren davon sehr beeindruckt. Sie hatten kaum ihre erste Single veröffentlicht, da knieten Bela B. Felsenheimer und Farin Urlaub in ihrer Wohnung vor der Stereoanlage und hörten sich *Opel-Gang* an. „Die Hosen", so Bela B., „gab es ja damals schon ein halbes Jahr länger als uns, und da haben wir gedacht: Wir hätten gern auch so ein druckvolles Album."

Die Songtexte entstanden Trini Trimpop zufolge als Gemeinschaftsproduktion: „Wir haben uns irgendwo auf eine Treppe gesetzt, vor dem Freibad oder vor dem Probenraum. Dann kam einer mit einer Idee, und die haben wir dann ausgearbeitet." Der Titelsong sollte zuerst von einem Ford handeln: „Es reimte sich aber irgendwie nicht vernünftig darauf, da wurde es halt Opel." Und er war laut Campino auch als „totale Verarsche auf die Opel-Prolls" gedacht, „die mit ihren tiefergelegten Karren durch die Gegend heizten". Der Song überlebte aber seine ursprüngliche Bedeutung und entwickelte sich schon bald in eine Richtung, die die Hosen unmöglich voraussehen konnten. So lernte Campino, „wie man ein Rad zum Durchdrehen bringt und den Asphalt wegätzt“ – und die Prolls zu schätzen, die man anfangs „voll daneben“ gefunden hatte: „Auf einmal hatten wir alle Opels.“

Von dem Caravan, der auf dem Cover ihres ersten Albums abgebildet war, hatten sie sich allerdings schon bald trennen müssen. Auf dem Weg von Düsseldorf nach Wuppertal war er auf der A 46 verreckt und hatte einen Stau verursacht, der wiederum zahlreiche Auffahrunfälle nach sich zog – der Schaden ging in die Millionen. Ostern 1983 fuhren Die Toten Hosen deshalb in einem Opel Blitz zu einem klandestin angekündigten Konzert in der Marx-Karoly-Universität von Budapest.

Zur Fußball-Weltmeisterschaft in Italien ging es 1990 hingegen in einem knallroten Opel Commodore. Im Video zum Song „Azzurro“ überqueren sie darin den Brenner und reisen von einer WM-Stätte zur anderen, wobei sie die alte Kiste allerdings jedes Mal anschieben müssen – erst als sie ihnen am Ende geklaut wird, springt sie mühelos an.

Ähnliches widerfuhr ihnen 1996 auch im realen Leben: Kurz nachdem sie die Single „Bonnie & Clyde“ veröffentlicht hatten, wurde dem Prediger das Auto gestohlen. So wörtlich hatte Campino die Zeile „Komm, wir klauen uns ein Auto …“ allerdings nicht gemeint.

AHA!

Unter falscher Flagge

Kaum hatte die Plattenfirma EMI Die Toten Hosen unter Vertrag genommen, setzte sie die Band auch schon wieder vor die Tür.

Ihr erstes Album *Opel-Gang* ließ der Hosen-Manager Jochen Hülder von der EMI pressen, in der Hoffnung, dort würde es auffallen, dass eine noch unbekannte Band gleich 20.000 Schallplatten herstellen ließ. Die Rechnung ging auf: Die EMI wurde auf die Hosen aufmerksam und nahm sie flugs unter Vertrag.

Noch bevor ihr zweites Album erschien, wurden sie jedoch gefeuert, weil sie in London auf EMI-Kosten ausgiebig Taxi gefahren waren – Trini Trimpop war zufällig in den Besitz einer EMI-Kundennummer gelangt, mit der sich das lästige Bezahlen in bar vermeiden ließ, als sie auf Einladung des Indie-Papsts John Peel für Radio ONE im Maida-Vale-Studio der BBC eine Session aufnahmen.

Die Eskapade mit den Taxikosten war wahrscheinlich nur ein Vorwand, um die Band schnell wieder loszuwerden, die so manchem EMI-Manager ein Dorn im Auge war, weil sie sich mithilfe von Norbert Hähnel über einen anderen EMI-Künstler lustig machte – Heino. Und als die Hosen dann nach dem Rauswurf auch noch bei Virgin Records unterkamen und dort ihr zweites Album *Unter falscher Flagge* veröffentlichten, fragte sich manch einer: Müssen die den Sex Pistols denn alles nachmachen?

Statt musikalisch nachzutreten und einen hämischen Song wie „EMI Unlimited Edition“ zu veröffentlichen, wie das die Pistols getan hatten, erlaubten sich die Hosen aber lediglich einen kleinen

Scherz, indem sie auf dem Cover von *Unter falscher Flagge* statt eines Totenkopfs das Skelett eines Hundes auf einer Piratenflagge verewigten. Der skelettierte Nipper lauschte der Stimme seines Herrchens, die aus einem Trichtergrammofon ertönte. Im Haus EMI konnte darüber, dass man das Warenzeichen auf makabre Weise verballhornte, allerdings niemand lachen. Man erwirkte deshalb zwei Tage vor Weihnachten bei der zwölften Zivilkammer des Düsseldorfer Landgerichts eine einstweilige Verfügung, die es den Hosen untersagte, „den Hund, welcher der Stimme seines Herrn lauscht, als Gerippe darzustellen". Bei Zuwiderhandlung drohte ein Ordnungsgeld von bis zu einer halben Million D-Mark.

Etwas Besseres hätte den Hosen jedoch gar nicht passieren können. Zwar tauschten sie den inkriminierten Knochen-Nipper gegen einen Knochenadler aus, der schon bald zu ihrem eigenen Warenzeichen wurde. Doch statt klein beizugeben, posierte Campino auch noch für Pressefotos und machte vor einem Trichtergrammofon Männchen. Diese Aktion, mit der sie die ungeliebte Plattenfirma so gekonnt verspotteten, dass der Sex-Pistols-Impresario Malcolm McLaren seine Freude daran gehabt hätte, bescherte den Hosen jede Menge Publicity und festigte ihren Ruf als Punk-Band, die sich nicht unterkriegen lässt und es zudem versteht, auf der Klaviatur der Medien zu spielen.

Der legendäre Hosen-Style

Mit ihrem Song über die „Modestadt Düsseldorf" verspotteten die Hosen das Image von Düsseldorf als Metropole der Reichen und Schönen.

Um sich von den Posern abzuheben, die sich in Boutiquen auf der Londoner Kings Road oder der Düsseldorfer Kö teure Bondage-Hosen oder kunstvoll mit Sicherheitsnadeln zusammengehaltene Jacketts zugelegt hatten, fuhr Trini zu Beginn ihrer Karriere extra nach Gelsenkirchen. In einer Altkleiderbörse am Güterbahnhof kaufte er das neue Outfit der Hosen gleich kiloweise ein. Während Trini selbst entweder ein knallrotes Hemd zu einem gelben Anzug trug oder ein kanarienvogelgelbes Hemd zu einem roten Anzug, erweckten die anderen Hosen den Anschein, farbenblind zu sein, weil sie Kleidungsstücke miteinander kombinierten, die

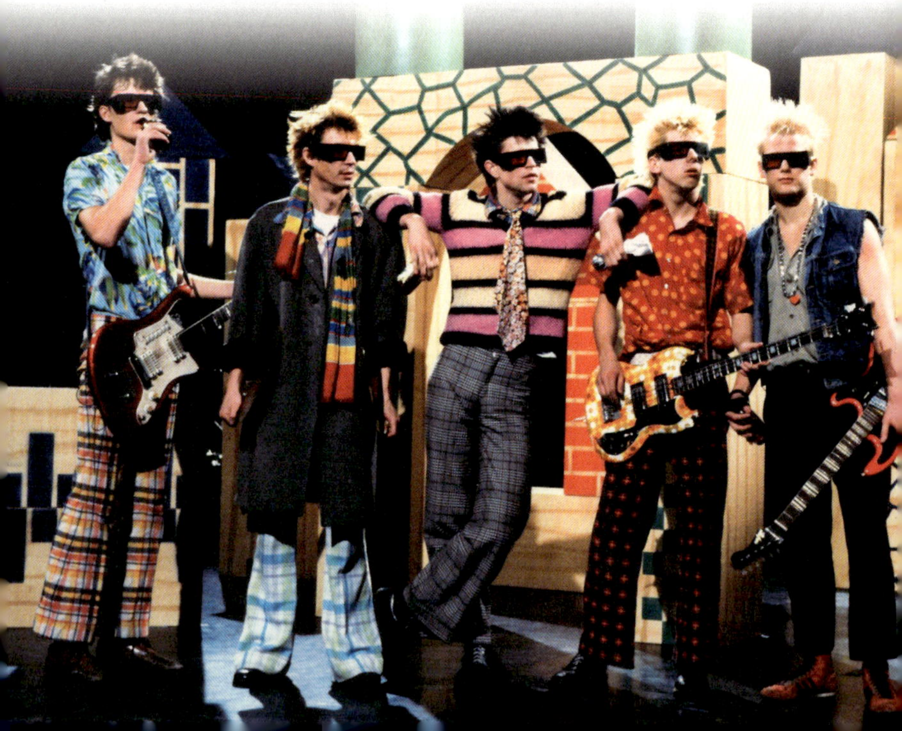

partout nicht zueinander passten. Komplettiert wurde der Hosen-Look durch Klamotten in längst aus der Mode gekommenen Mustern und Farben, die Andi im Sommer 1980 während eines Austauschjahres in den Second-Hand-Läden von Los Angeles entdeckt und nach Deutschland verschifft hatte.

Mit ihrem Heilsarmee-Style ragten sie schon bald aus der Masse der uniformierten Punks in ihren nietenbesetzten schwarzen Lederjacken, wie Sid Vicious sie trug, heraus und erregten Aufsehen, wo auch immer sie auftauchten.

Zehn Jahre später war der Hosen-Style en vogue und die Hosen wurden von Gabo für eine Modestrecke im *stern* fotografiert, während das Kulturressort der Illustrierten parallel dazu eine weitere Story mit ihnen produzierte. Dass ein Ressort nicht wusste, was das andere trieb, war damals beim *stern* nicht unüblich. Zur Freude des Autors dieses Buches entschieden sich die Hosen letztlich aber dagegen, nur als Models zu fungieren.

Mit zunehmendem Erfolg definierten sich die Hosen jedoch nicht mehr über ein „kollektives äußeres Erscheinungsbild", wie ihr Biograf Philip Oehmke festgestellt hat: Kuddel kleidet sich längst „wie ein Kleingauner der vierziger Jahre in Chicago" und nennt seinen Stil „American Heritage". Campino trägt an sieben von zehn Tagen den gleichen Pullover und oft ein Sweatshirt mit dem Wappen des FC Liverpool, die Clubjacke des Motorradclubs Black Devils oder olivgrüne „Fidel-Castro-Phantasie-Uniformjacken", Jeans und ausgelatschte Joggingschuhe von Reebok. Andi schlüpft mitunter in Desert- oder Chelsea-Boots und bevorzugt „schwarze Kleidung mit angedeuteten Punk-Zitaten". Breiti hat den „Null-Style" perfektioniert: blaue Jeans, schwarzer Pullover, Allwetterjacke und schütteres Haar. Und allein Vom frönt noch immer dem guten alten Punkrock-Stil und läuft stets in schwarzer Kleidung und Stiefeletten mit Schnallen rum.

Modebewusster ist da schon Campinos Sohn Lenn Julian Frege: Mit 17 Jahren startete er eine Karriere als Model und lief bei der Mailänder Modewoche 2021 für Prada über den Catwalk.

AHA!

Dumm gelaufen

Ein Pferd namens Liebesspieler brachte den Toten Hosen kein Glück.

Als die Hosen wieder einmal völlig abgebrannt waren, beschlossen sie, ihren letzten Hunderter beim Pferderennen auf einen krassen Außenseiter zu setzen, dessen Name „Liebesspieler“ es ihnen angetan hatte. „Dummerweise“, erinnerte sich Campino später, „kam Breiti, der fürs Geld verantwortlich war, mit dem Einsatz Sekunden zu spät zum Wettschalter, sodass das Rennen ohne uns lief. ‚Liebesspieler‘ gewann und lieferte eine Mörderquote.“ Laut Breiti ist es allerdings Campino gewesen, der auf der Galopprennbahn Grafenberg zu spät kam, und eine dritte Quelle besagt, dass Trini nicht schnell genug war. Wie auch immer: eine schöne Geschichte.

Der englische Kult-DJ John Peel, dem die Hosen in ihren Anfängen immer persönliche Briefe schrieben, um ihm ihre neuen Platten ans Herz zu legen, erbarmte sich ihrer und lud sie zu einer Session im Maida-Vale-Studio der BBC in London ein, wo sie auch den Song „Liebesspieler“ aufnahmen.

Die Maxisingle enthielt neben der Hymne auf das Rennpferd fünf von Peel anmoderierte Titel, darunter auch „Hofgarten“ („Ficken, bumsen, blasen“) mit einem anderen deutschen Text als auf dem Album *Opel-Gang*. Als John Peel eine Übersetzung der neuen Textversion erhielt, soll er das aber als „nicht so gut“ empfunden und den Kontakt zu den Hosen daraufhin „mehr oder weniger“ abgebrochen haben.

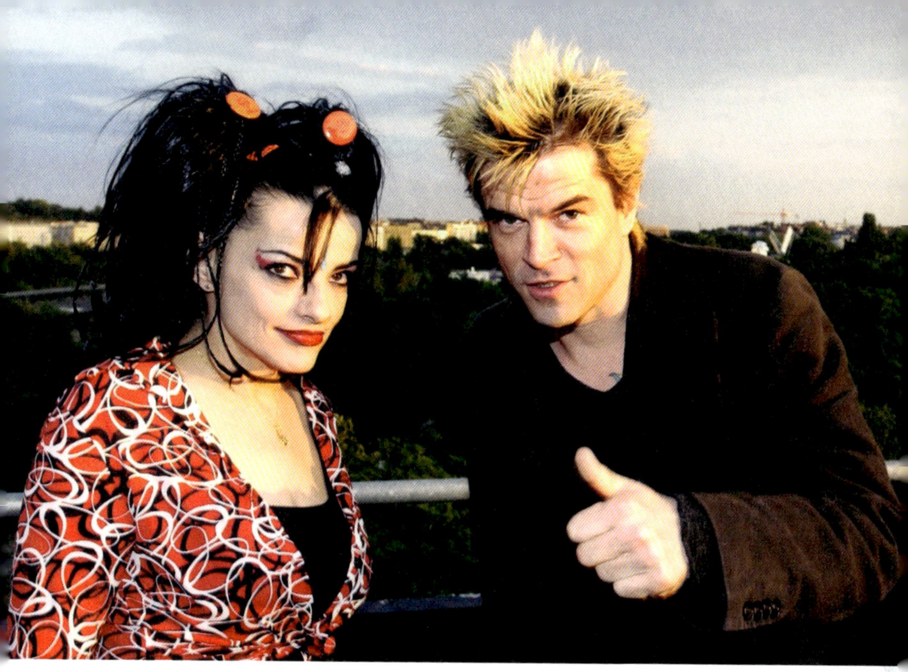

Keine Ufos auf Ibiza

Die Toten Hosen sind nicht gerade große Fans von Nina Hagen. Trotzdem spielten sie auf ihrer Hochzeitsfeier.

Nachdem sie fünf Jahre lang Gas gegeben hatten, waren Die Toten Hosen urlaubsreif. Als sie sich im August 1987 endlich die Zeit nahmen, um einmal auszuspannen, wurden sie aber zurückgepfiffen, weil sie auf Nina Hagens Hochzeitsfeier spielen sollten. Deren Hochzeit mit einem blutjungen Punk namens Iroquois auf Ibiza wurde dann allerdings nur vorgetäuscht, und Nina stöhnte: „O Gott, Die Toten Hosen mögen ihren Ferienbungalow nicht!" Aber auch die hatten sich das alles etwas anders vorgestellt, wie Kuddel erzählte: „Nina war ständig von einer zehnköpfigen Möchtegern-Hippieblase umgeben, die sich alle fünfzehn Minuten im Kreis auf den Boden setzte und in Honig getauchte getrocknete Kuhscheiße anzündete – in der Hoffnung, Ufos zu überzeugen, doch bei ihnen zu landen."

Der wahre und der falsche Heino

Weil der wahre Heino im Vorprogramm der Toten Hosen auftrat, wurden sie von ihrer Plattenfirma gefeuert. Oder etwa nicht?

Einen Tag nach ihrem Debütauftritt im Bremer Schlachthof spielten Die Toten Hosen im Berliner Punk-Club SO 36 gemeinsam mit Soilent Grün, der Vorgängerband von Die Ärzte, die an dem Abend ihr Abschiedskonzert gab. Veranstaltet wurde der *Tanz in den Mai* von zwei Typen, die beide aus dem ostwestfälischen Bünde stammten: Norbert Hähnel und Kiki Ressler. Der eine, Hähnel, sorgte als „der wahre Heino" für Schlagzeilen, und der andere organisierte schon bald die Tourneen der Hosen und von Die Ärzte (und macht das auch heute noch).

Ausstaffiert mit einer blonden Perücke und einer schwarzen Sonnenbrille sang der wahre Heino Lieder wie „Karamba, Karacho, ein Whisky!" – und tourte anschließend mit den Toten Hosen quer durch die Bundesrepublik.

Das blieb einem gewissen Heinz Georg Kramm, der ebenso wie Die Toten Hosen bei der Plattenfirma EMI unter Vertrag stand, nicht lange verborgen, und so verklagte er den wahren Heino, weil der seinen Künstlernamen adaptiert hatte.

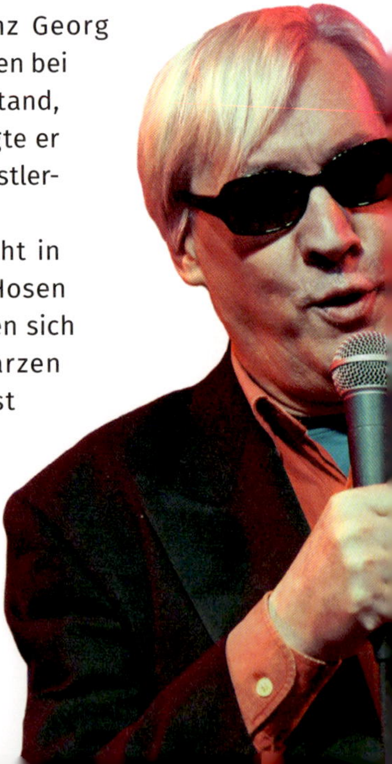

Als es vor dem Oberlandesgericht in Bonn zum Prozess kam, eilten die Hosen Norbert Hähnel zur Hilfe, verkleideten sich mit blonden Perücken und schwarzen Sonnenbrillen und gaben sich selbst als wahre Heinos aus. Obwohl sie mit ihrer Maskerade sogar in der *Tagesschau* gezeigt wurden, nutzte es alles nichts: Die Sache „Heino gegen Heino“ wurde zugunsten von Heinz Georg Kramm entschieden, und Norbert Hähnel, der drei Jahre lang in ihrem Vorprogramm aufgetreten war und in Berlin den „Scheißladen“ betrieb, wurde zu einer Geldstrafe von 10.000 D-Mark verurteilt, weil er unerlaubterweise den als Markenzeichen eingetragenen Künstlernamen des Düsseldorfer Bäckers benutzt hatte. Ihm wurde untersagt, weiterhin als Heino aufzutreten. Statt die Strafe von den Einnahmen eines für ihn veranstalteten Benefizfestivals, auf dem auch die Hosen und Die Ärzte auftraten, zu begleichen, nahm er sich jedoch eine vierwöchige Auszeit und saß sie schmunzelnd hinter schwedischen Gardinen ab.

Gerüchten zufolge waren die Auftritte des wahren Heino im Vorprogramm der Toten Hosen der Grund dafür, dass EMI die Hosen wieder vor die Tür setzte, noch bevor ihr zweites Album *Unter falscher Flagge* erschienen war. Belegt werden konnten diese Gerüchte jedoch nicht. Der Grund für den Rauswurf war vielmehr eher banal: Die Toten Hosen waren in London unerlaubterweise auf Kosten der EMI Taxi gefahren.

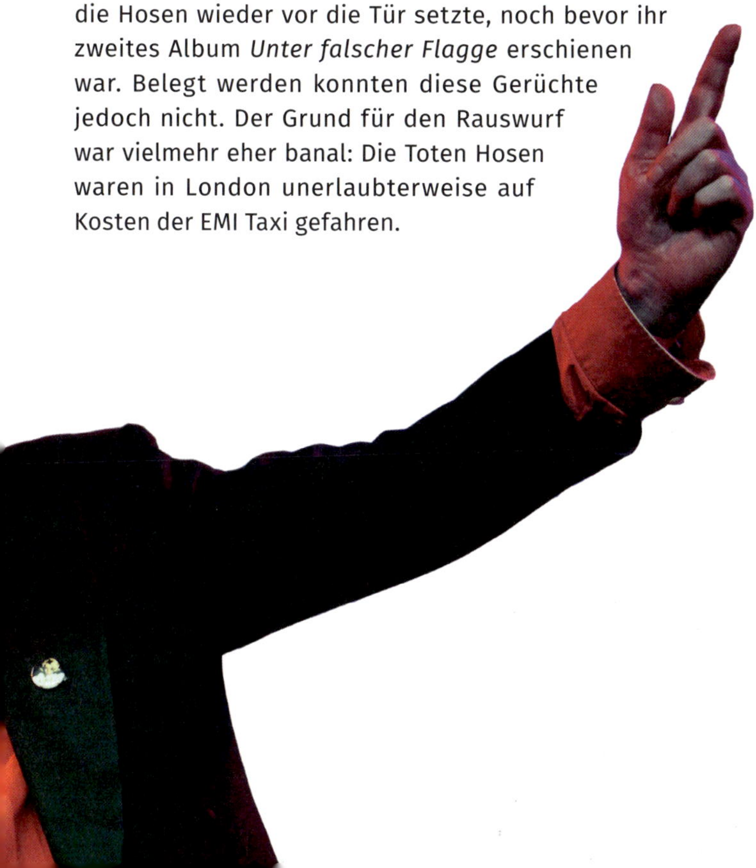

Never Mind The Hosen

Die Roten Rosen zeigten, dass sich Spießbürgertum und Punk manchmal nur durch den Rhythmus unterscheiden.

Um ein Album mit Punk-Versionen von deutschen Schlagern aufzunehmen, benötigten Die Toten Hosen „von der konkreten Idee bis zur Abmischung“ gerade mal zehn Tage. Kein Song war „langsamer als Carl Lewis“ oder wie es Kuddel ausdrückt: „Statt uns als Punkrock-Kapelle von dieser Schlagerglätte ins Knie ficken zu lassen, nahmen wir nun alte Schlager und zerfledderten sie.“ Obwohl *Never Mind The Hosen – Here's Die Roten Rosen* unter Waschküchenbedingungen entstand und die Studiokosten gerade mal 5000 D-Mark betrugen, lobten die einschlägigen Fachzeitschriften vor allem den Sound.

Es war allerdings nicht das erste Mal, dass sie einen Schlager verhackstückten: Für den „Kriminaltango“, eine Nummer aus der Feder von Kurt Feltz, Piero Trombetta und Aldo Locatelli, die jahrelang zum Standardrepertoire von Ralf Bendix und Udo Jürgens gehört und von der allein

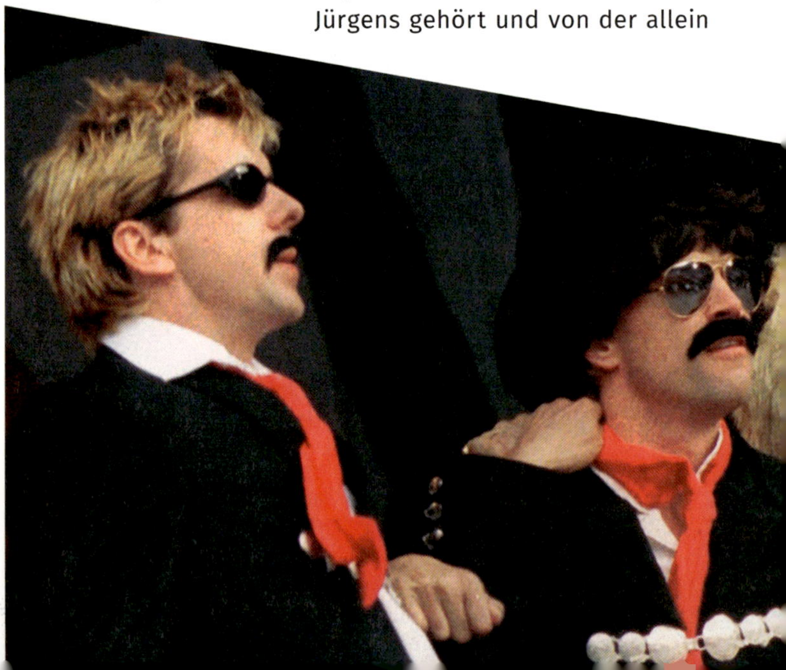

Hazy Osterwald Ende der 1950er Jahre 900.000 Platten verkauft hatte, hatten sie bereits 1984 den Fassbinder-Schauspieler Kurt Raab als Gastsänger engagiert, der in ihrem „Bommerlunder"-Video im Jahr zuvor einen sardonisch grinsenden Priester gespielt hatte.

Dass sie „ausgerechnet mit diesem Nebenprodukt, mit diesem Witz" erstmals in den Charts notierten wurden, fand Breiti unglaublich: „Das war das erste Mal, dass unsere Lieder liefen, wenn du in eine Kneipe gekommen bist." Den Grund dafür sah Campino in der Rückschau 1996 in der Qualität der Songs, die sie gehörig aufgemöbelt hatten: „Dieses ‚Itsy Bitsy Teenie Weenie Honolulu-Strand-Bikini' hatte eine Naivität, die man niemandem übelnehmen kann. Da hat keiner versucht, sich auf eine höhere Anspruchsebene zu schwindeln."

So viel Spaß verstand jedoch nicht jeder. Als das Album der Roten Rosen großflächig auf Bauzäunen beworben wurde, versuchten Fans, die Plakate abzureißen, weil sie dachten, hier würde jemand ihre Lieblingsband parodieren.

Die „Experten von Plattenfirma und Management versuchten, diesen unerwarteten Erfolg", so der Hosen-Roadie Bollock, hingegen mit dem „Sommerloch", dem „originellen Artwork" oder der Tatsache zu erklären, „dass keiner der Songs von den Jungs geschrieben war". Den Charts-Einstieg auf Platz 29 feierte die Band nichtsdestotrotz stilgerecht im Club 29, einem Puff, der direkt unter der Kreuzberger Wohnung des wahren Heino lag.

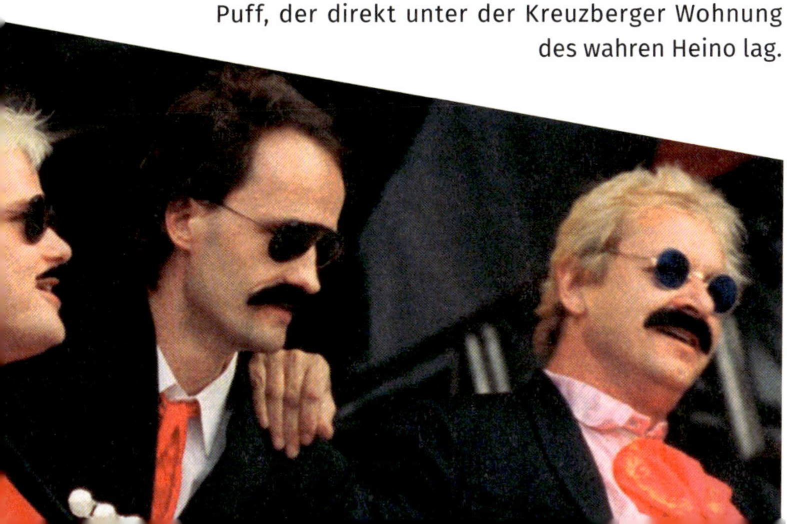

Die Toten Hosen. Eine Zeitreise

1982 Erster Auftritt der „Toten Hasen" am 10. April im „Schlachthof" in Bremen.

1983 Das Debütalbum *Opel-Gang* erscheint auf dem bandeigenen Totenkopf-Label.

1982 Wolfgang Büld (Punk in London) dreht mit Kurt Raab und Marianne Sägebrecht ein Video zum Song „Bommerlunder" in einer Kirche bei Fürstenfeldbruck. Anschließend muss die Kirche neu geweiht werden.

Als erste westliche Band treten die Hosen konspirativ in Ostberlin auf.

Der englische Radiomoderator John Peel lädt die Hosen zu einer Session ein, in deren Folge die Plattenfirma EMI sie wieder rausschmeißt.

1984 Auf Einladung des Goethe-Instituts gastieren Die Toten Hosen in Frankreich.

Die EMI lässt das Cover ihres zweiten Albums *Unter falscher Flagge* verbieten, weil darauf ihr Warenzeichen, His Master's Voice, verächtlich gemacht wird.

1985 Die Toten Hosen treten in Ungarn, der Tschechoslowakei und Skandinavien auf.

Der wahre Heino wird zu einer Geldstrafe wegen Verletzung des Markenschutzrechtes eines gewissen Heinz Georg Kramm verurteilt.

Die Hosen sorgen in einem Film zur TV-Sendung *Formel Eins* für Running Gags.

Trini Trimpop wechselt vom Spielfeld auf die Trainerbank und wird durch Wölli Rohde am Schlagzeug ersetzt, der erstmals auf dem *Anti-WAAhnsinns*-Festival in Wackersdorf zum Einsatz kommt. 1986

Der Kondomfabrikant Fromms wird offizieller Ausstatter der *Damenwahl*-Tournee.

Die Toten Hosen laden zu einer Rock'n'Roll-Butterfahrt nach Helgoland ein, ihr Konzert auf der Schnapsinsel wird aber untersagt.

Unter dem Namen Die Roten Rosen unternehmen die Hosen einen Ausflug in Schlagergefilde und landen überraschend in den Charts. 1987

Die Hosen geben ein Benefizkonzert für die streikenden Stahlarbeiter von Rheinhausen. 1988

Im Bonner Schauspielhaus treten sie in einer Inszenierung von Anthony Burgess' Roman *Clockwork Orange* auf und komponieren auch die Musik dafür.

Trini Trimpops filmischer Zusammenschnitt *3 Akkorde für ein Halleluja* erscheint auf Video. 1989

Campino interviewt die Ramones für eine TV-Reportage in New York.

Die Fortuna-Mark wird eingeführt; von dem Erlös kaufen die Hosen das rechte Bein des Fußballers Anthony Baffoe.

1990 Die Toten Hosen treten in Köln im Vorprogramm der Rolling Stones auf. Damit sie einen besseren Sound erhalten, schmieren sie die Roadcrew der Stones mit acht Gramm Koks.

Das Doppelalbum *125 Jahre Die Toten Hosen – Auf dem Kreuzzug* ins Glück wird auf Platz 1 der Albumcharts notiert – wie auch alle späteren Alben.

Im Rahmen einer Fahrradtour geben die Hosen spontan auch Konzerte in der DDR, bevor diese aufgelöst wird.

„Azzuro" wird zur inoffiziellen Hymne der Fußball-WM in Italien und landet in den Top Ten der „Popsingles international" von dt64, dem Jugendfunk der DDR.

1991 Johnny Thunders stirbt und die Hosen müssen sich einen neuen Grund suchen, Punks zu sein.

Trini Trimpop sagt dem „Monkey Business" ade.

1992 Die Hosen spenden die Erlöse ihrer Hit-Single „Sascha ... ein aufrechter Deutscher" dem Düsseldorfer Appell gegen Fremdenfeindlichkeit und Rassismus.

Am 8. März werden sie mit dem Musikpreis Echo ausgezeichnet, den sie gleich anschließend entsorgen.

1993 Gleich sechs Mal treten sie im Vorprogramm von U2 auf.

1994 Die Toten Hosen spielen erneut in Argentinien und anschließend im Vorprogramm von Green Day in den USA.

1995 Der Berliner Sender Radio Fritz gibt ihnen eine eigene Radiosendung: *Tausend Takte Tanzmusik.*

Jochens kleine Plattenfirma wird gegründet. 1995

„Zehn kleine Jägermeister“ wird ihre erste Nummer-1-Single. 1996

Die Ramones laden die Hosen zu ihrem Abschiedskonzert im River Plate Stadion von Buenos Aires ein.

Die Hosen sind erstmals Headliner bei *Rock am Ring*.

Nach Auftritten in Südamerika geben die Hosen ihr 1997
1000. Konzert im ausverkauften Düsseldorfer Rheinstadion, bei dem ein Fan zu Tode kommt.

Die *Vans Warped-Tour* führt Die Toten Hosen nach Australien, 1998
Neuseeland, Japan und in die USA.

Mit dem neuen Schlagzeuger Vom Ritchie nehmen sie unter dem Namen Die Roten Rosen ein Album mit Weihnachtsliedern auf.

Die Toten Hosen legen sich mit Uli Hoeneß und dem FC Bayern 1999
München an.

Erstmals seit 16 Jahren treten Die Toten Hosen und Die Ärzte 2000
gemeinsam auf. Unter den Decknamen Essen auf Rädern und Die Zu Späten schreiben sie „deutsche Rockgeschichte“ (Bela B).

Campino reißt sich während des Auftritts bei *Rock am Ring* das Kreuzband, woraufhin die Tournee abgesagt werden muss.

Erstmals treten die Hosen in Kuba auf sowie im Vorprogramm 2001
von AC/DC.

Auf dem polnischen *Woodstock*-Festival spielen die Hosen vor 2002
350.000 Zuschauern.

2004 Das Album *Zurück zum Glück* erscheint.

2005 Der Veranstalter des Open-Air-Festivals *Rock am Ring*, Marek Lieberberg, überreicht ihnen aus Dank für einen Überraschungsauftritt einen überdimensionierten Schlüssel, der sie berechtigt, dort künftig aufzutreten, wann immer sie wollen – ein Hausrecht, das bis heute keiner anderen Band gewährt wurde.

Für MTV produzieren sie die Fernsehshow *Friss oder stirb* und nehmen im Wiener Burgtheater ein Unplugged-Album auf.

Sie treten bei Bob Geldofs Berliner *Live-8-Festival* auf.

2007 Beim Konzert gegen den G8-Gipfel in Heiligendamm singen Bono Vox (U2), Sir Bob Geldof, Youssou N'Dour und Campino gemeinsam den Beatles-Song „You Never Give Me Your Money".

2008 *In aller Stille* erscheint ein neues Album.

2009 Auf einer Live-LP fordern die Hosen *Machmalauter.*

2010 Die *Schall* und *Rauch-Tour* führt die Hosen durch Zentralasien und den Nahen Osten: Kasachstan, Tadschikistan, Usbekistan, Jordanien, Türkei und Israel.

2011 Das Best-of-Album *All die ganzen Jahre*: *Ihre besten Lieder* wird gegen den Widerstand von Campino veröffentlicht.

2012 Der Fußballverein Fortuna Düsseldorf verleiht ihnen die Ehrenmitgliedschaft. Die Hosen engagieren sich für die finanziell angeschlagene Düsseldorfer Eislauf-Gemeinschaft (DEG).

2013 Das Sinfonieorchester der Robert Schumann Hochschule Düsseldorf und die Hosen führen „entartete" Musik auf.

Auf Wunsch von Bob Geldof produzieren die Hosen ein Remake 2014
des Band-Aid-Hits „Do They Know It's Christmas?" zugunsten
der äthiopischen Hungerhilfe.

Auf Einladung der Deutschen Botschaft treten sie in Rangun,
Myanmar auf.

Der Eishockey-Traditionsverein EV Füssen verleiht Campino die 2016
Ehrenmitgliedschaft.

Der Deluxe Edition des Albums *Laune der Natur* wird die 2017
CD *Learning English – Lesson 2* beigelegt. Die Hosen treten
zum achten Mal bei *Rock am Ring* auf.

Die Hosen geben Konzerte in China und Chemnitz. 2018

Erstmals nach über 20 Jahren nehmen sie wieder am
Düsseldorfer Hosenmontagsumzug teil.

Ihre Heimatstadt kürt sie zu den „Düsseldorfern des Jahres".

Das Akustik-Album *Alles ohne Strom* erscheint. 2019
Der DFB verleiht ihnen den Julius Hirsch Preis.

Die Film-Doku *Weil du nur einmal lebst* kommt ins Kino.

Anlässlich von Campinos autobiografischer Spurensuche 2020
Hope Street – Wie ich einmal Englischer Meister wurde nehmen
die Hosen ein Album mit Mersey-Beat-Songs auf.

Campino und Kuddel trotzen dem Corona-Virus und stellen 2021
Hope Street auf Konzertlesungen vor.

Die Toten Hosen feiern ihr 40-jähriges Bestehen mit einer 2022
großen Tournee.

I feel fine

Campino hielt The Beatles lange Zeit für „ausgelutscht". The Boys überzeugten ihn jedoch, dass dies ein populärer Irrtum war.

Als sein Musiklehrer in der fünften Klasse im Unterricht den Beatles-Song „Let It Be" mit „Satisfaction" von den Rolling Stones vergleichen ließ, waren die Beatles für Campino zunächst einmal gestorben und er fragte sich, „wie ausgelutscht" eine Band sein müsse, um in der Schule als gutes Beispiel gepriesen zu werden. Ein Schicksal, das den Toten Hosen Jahre später allerdings auch widerfuhr, als ihr Album *Opium fürs Volk* im Religionsunterricht deutscher Schulen behandelt wurde, weil sie darauf sangen: „Ich will nicht ins Paradies, wenn der Weg dorthin so schwierig ist."

Auch sonst hatte er lange Zeit nichts mit den Beatles am Hut, zumal Paul McCartneys Familie nicht seinem Lieblingsclub, dem FC Liverpool, die Daumen drückte, sondern dem Lokalrivalen FC Everton.

Als Die Toten Hosen 1990 das Vorprogramm der Rolling Stones im Müngersdorfer Stadion in Köln bestritten, eröffneten sie die beiden Konzertabende dennoch mit einem Beatles-Song – „I Feel Fine". Dass sie daraufhin nie wieder von den Stones als Vorgruppe verpflichtet wurden, hatte aber wohl einen ganz anderen Grund: Ihr Roadie Uwe Faust, dessen Statur der eines Sumoringers glich, hatte beim Catering versehentlich Mick Jagger umgerannt.

Seine Meinung über die Beatles änderte Campino jedoch erst, als eine seiner Lieblingsbands, The Boys, in einem Interview John Lennon und Paul McCartney als beste Songwriter der Geschichte bezeichneten und zugaben, ihre Melodien von den Fab Four geklaut zu haben. Er kramte daraufhin die „verdammten Beatles-Platten" seiner Geschwister hervor, verglich sie mit denen der Boys und wurde vom Schlag getroffen: „Es stimmte!"

Alte Helden

Als die Blubbery Hellbellies 1985 in Düsseldorf spielten, war Campino so begeistert, dass er betrunken in ihre Garderobe polterte.

The Lurkers waren eine Zeit lang eine von Campinos „absoluten Lieblingsbands“ gewesen. Nur live hatte er sie nie gesehen, weshalb er schier aus dem Häuschen war, als sich herausstellte, dass der Bassist der Blubberry Hellbellies, die im Düsseldorfer Club zakk „wahnwitzigen Western-Country-Rockabilly-Scheiß“ darboten, kein anderer als Arturo Bassick von The Lurkers war. Campino wollte ihn daraufhin überreden, dass The Lurkers nur für ihn und zwei oder drei Freunde in seinem 15 Quadratmeter großen Wohnzimmer auftreten. Tatsächlich erhielt er kurz darauf Post. Da er sich die verlangte Gage, ein paar tausend Pfund, damals jedoch nicht leisten konnte, organisierte er stattdessen ein Revival-Konzert im Düsseldorfer Haus der Jugend, zu dem Punks aus ganz Deutschland anreisten.

Drei Jahre später produzierte er das Reunion-Album der Lurkers – *Wild Times Again*. Pat Collier von The Vibrators saß am Mischpult und Campino finanzierte es und klopfte blöde Sprüche: „That guitar sounds nice, can you turn it to eleven?!“

Für Arturo Bassick war das jedoch „mehr als eine schöne Geste“. Einige der neueren Versionen hätten „mehr Power als die Originalnummern“, freute er sich, auch wenn nur „ein sehr kleiner Teil der Fans in Deutschland wirklich in die Plattenläden“ gegangen sei, „um nach unserer Musik zu fragen“.

Campino hatte es sich nicht nehmen lassen, die Chöre mitzusingen, und er und Arturo wurden Freunde: „Wenn wir zusammen rumhingen, konnte ich nicht satt werden von den ganzen Geschichten aus der Zeit der Punkexplosion.“ Campino besuchte Arturo in London und half bei Gigs auch schon mal als Roadie aus. Und als Die Toten Hosen 1987 auf Tour gingen engagierten sie die Blubberry Hellbellies als Vorgruppe.

Learning English

Mit ihren Englisch-Lektionen verneigten sich die Hosen vor Bands, die sie „zum eigenen Ruhm beklaut hatten“.

Die Liste der Musiker, mit denen zusammen sie 1991 in London, Stommeln, New York und Rio de Janeiro das Album *Learning English – Lesson 1* aufnahmen, liest sich wie ein Who's who? der frühen Punkszene. „Die bislang stimmigste Zusammenstellung der besten Punkrockschlager“ (*musikexpress*) versammelte Musiker von The Lurkers, The Damned, 999, den Dead Boys, The Boys, Eddie And The Hot Rods, den Radio Stars, UK Subs, Vibrators und Dictators, von The Flys, Chelsea, Sham 69, den Ramones, The Adverts, den New York Dolls sowie Wreckless Eric und Ronald Biggs, der nach dem Ausstieg von Johnny Rotten auf einer Sex-Pistols-Single gesungen hatte und ihn nun ein weiteres Mal ersetzte, weil das Vorhaben der Toten Hosen Rotten „a bit jokey“ vorgekommen war und der abgesagt hatte.

Der Rolling-Stones-Song „We Love You“, den die Hosen in der Version von Cock Sparrer aufgenommen hatten, befand sich aber nicht auf dem Album und wurde erst 1992 als Single veröffentlicht. Dafür wurden die Songs, ohne die es die Hosen nie gegeben hätte, in einen Englischkurs eingebettet: Campinos Mutter Jenny in der Rolle der Janet und Geoff Haslan als John führten gemeinsam durch den Kurs.

Zuvor hatten Die Toten Hosen bereits mit „Yeah, Yeah, Yeah“ einen Song von The Revillos gecovert, die aus der Punkband The Rezillos hervorgegangen waren. Ihr „Sammelsurium von Liedern und Spinnereien“ (Covertext), das Doppelalbum *125 Jahre Die Toten Hosen – Auf dem Kreuzzug ins Glück*, enthielt die Klassiker „First Time“ und „New Guitar In Town“ von The Boys, die sie gemeinsam mit ihrem großen Idol Honest John Plain eingespielt hatten. Und für ihre Fans „in den etwas exotischeren Ländern“ nahmen sie auch später immer mal wieder Songs ihrer Lieblingsbands auf. So enthielt ihr Live-Album *Im Auftrag des Herrn* auch Cover-

Versionen von Iggy Pops „The Passenger“ und „Sheena Is A Punkrocker“ von den Ramones. Auf der Compilation *Reich & Sexy II – Die fetten Jahre* coverten sie die Songs „Babylon's Burning“ von The Ruts und „Should I Stay Or Should I Go“ von The Clash und rieten auf dem Innencover: „Kauft, klaut und besorgt euch alles von den Ruts und den Clash.“ Einen anderen Clash-Song, „The Guns Of Brixton“, spielten sie live und nahmen ihn unplugged gemeinsam mit dem Kölner Reggae-Sänger Gentleman auf.

Weil „das einfache Covern“ Campino nur halb so viel Spaß machte und „die wirkliche Klasse“ für ihn erst dort losging, „wo die Leute selbst mitmachen“ und man merkt, „dass derjenige, der diesen Song geschrieben hat, selbst wieder hundertprozentig dahintersteht“, luden die Hosen 25 Jahre später erneut Musiker von Stiff Little Fingers, The Buzzcocks, The Saints, Johnny Moped, den Dead Kennedys, Dead Boys und The Undertones ins Studio ein und nahmen zudem Songs von The Members, den Boomtown Rats und Spizz Energi für die CD *Learning English – Lesson 2* auf, die der „Deluxe Edition“ des 2017 veröffentlichten Albums *Laune der Natur* beilag. Und dem vier Jahre später wiederveröffentlichten Album *Learning English – Lesson 1* fügten sie die Bonus-CD *The Learner's Workbook: Grammar and Drill* hinzu, die neben Raritäten und B-Seiten, die thematisch dazu passten, auch fünf weitere Cover-Versionen enthielt: „12XU“ von Wire, „The Modern World“ von The Jam, „Getting Beaten Up“ von The Piranhas, „Thinking Of The USA“ von Eater und „We Make A Noise“ von den Leyton Buzzards.

Als 30 Jahre nach dem Erscheinen ihrer ersten Englischlektion eine komplett neu abgemischte Version in Deutschland wiederveröffentlicht wurde, auf der im Song „Brickfield Nights“ plötzlich ein Piano zu hören war, das seinerzeit ziemlich untergegangen war, schnellte die „Jubiläumsedition“ auf Platz 3 der Albumcharts vor.

Dass Die Toten Hosen mit *Learning English* einen Weg gefunden hatten, „ihre Plattenkohle sinnvoll auf den Kopf zu hauen“, hatte der *Musikexpress* allerdings schon 1991 erkannt. Zeigte das Album doch schon damals, „dass Punkrock, wie ihn die Hosen meinen, viel mehr mit Melodien und Rock'n'Roll zu tun hat denn mit Alk & Krach“.

AHA!

Karneval in Rio

Der englische Posträuber Ronald Biggs blieb den Toten Hosen bis zu seinem Tod eng verbunden.

Niemand ist unschuldig, und Ronald Biggs war es schon gar nicht. Als Mitglied einer Bande hatte er 1963 einen königlichen Postzug überfallen und dabei nach heutigem Wert etwa 56 Millionen Euro erbeutet, ohne dass dabei jemand sein Leben lassen musste. Nachdem Scotland Yard ihn schließlich aufgespürt hatte und er inhaftiert worden war, flüchtete Biggs 1965 jedoch aus dem Knast und tauchte in Brasilien unter, das ihn nicht auslieferte, weil er eine Brasilianerin geheiratet und mit ihr ein Kind gezeugt hatte. Der legendäre Postraub wurde im selben Jahr mit Horst Tappert unter dem Titel *Die Gentlemen bitten zur Kasse* verfilmt und in Deutschland zum Straßenfeger.

Nach der Trennung der Sex Pistols hatte der Posträuber auf Betreiben ihres Managers Malcolm McLaren mit Steve Jones und Paul Cook die Single „No One Is Innocent" aufgenommen, sodass er wohl nicht allzu überrascht war, als Die Toten Hosen 1991 auf seiner Geburtstagsparty auftauchten, weil sie mit ihm einen Song für ihr Album *Learning English* aufnehmen wollten – er begrüßte sie mit einem typisch englischen „Heil Hitler!".

Der 2007 verstorbene Fotograf Fryderyk Gabowicz, der die Hosen 20 Jahre lang begleitet hatte, berichtete, dass Biggs die Hosen erst einmal „mit einer mörderischen Caipirinha-Mischung" abfüllte und sie anschließend bei einem Billardduell nach allen Regeln der Kunst ausräuberte. „Zum Dank kotzten ihm die Hosen nach der Party vor die Haustür."

„Carnival In Rio (Punk Was)" schrieben Biggs, Kuddel und Campino am Tag nach Biggs' Geburtstagsparty zusammen auf seiner Terrasse. Als Biggs den fertigen Song, den sie in Rio aufgenommen hatten, zum ersten Mal hörte, meinte er lakonisch: „I wouldn't rush out and buy it – but it's better than the Pistols!"

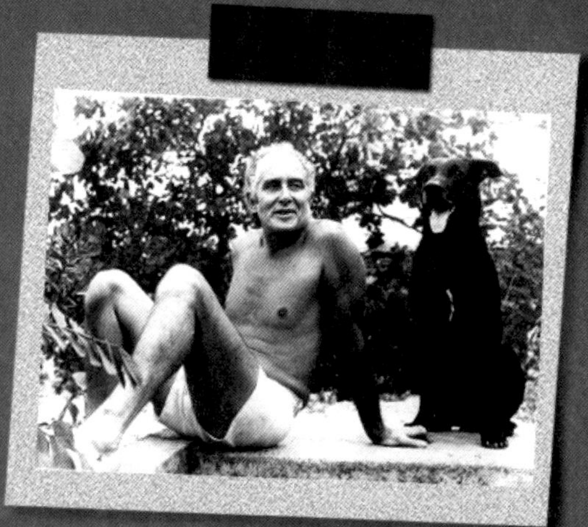

Von dem einwöchigen Besäufnis mit dem Posträuber waren Die Toten Hosen noch immer berauscht, als sie am 2. Dezember 1991 ihr erstes Weihnachtskonzert in der Düsseldorfer Philipshalle gaben, zu dem Fans aus ganz Deutschland anreisten. An ihrer Tour *Menschen, Tiere, Sensationen*, die sie von März bis Oktober 1992 nicht nur durch Deutschland, sondern auch nach England, Schottland, Spanien und Frankreich, Norwegen, Schweden und Dänemark und sogar nach Brasilien und Argentinien führte, konnte Biggs aus naheliegenden Gründen allerdings nur bedingt teilnehmen – im Circo Voador von Rio de Janeiro und im Woodstock in São Paulo stieg er jedoch als Stevie-Wonder-Double zu ihnen auf die Bühne und sang den alten Equals-Hit „Police On My Back".

Auch sonst blieb er ihnen verbunden: Als der Radiosender Bayern 3 ihn 1997 in seinem Morgentelegramm fragte, ob er seinen Schweizer Kollegen, die soeben die Züricher Post ausgeraubt hatten, Investment-Tipps geben könne, riet Biggs ihnen, alles in Die Toten Hosen zu investieren.

Mit 71 Jahren kehrte er 2001 jedoch aus gesundheitlichen Gründen freiwillig nach England zurück, wo er prompt erneut inhaftiert wurde. Breiti besuchte ihn des Öfteren im Gefängnis und setzte sich für seine Freilassung ein, nachdem das „Symbol für schräge Vögel aus der ganzen Welt" (Breiti) mehrere Schlaganfälle und einen Herzinfarkt erlitten hatte. Eine Begnadigung wurde vom englischen Justizministerium aber immer wieder abgelehnt, bis er 2009 schließlich doch entlassen wurde. Biggs starb am 18. Dezember 2013 in London.

Wort zum Sonntag

In ihrem „Wort zum Sonntag" schworen Die Toten Hosen 1986: „Solange Johnny Thunders lebt, so lange bleib ich ein Punk."

Das „Wort zum Sonntag" gehörte jahrelang zu einem Konzert der Toten Hosen wie das Vaterunser zu einem Gottesdienst. Um gemeinsam mit Johnny Thunders seinen Song „Born To Lose" aufzunehmen, ließen Die Toten Hosen ihn sogar 1991 extra einfliegen. Allerdings konnte Thunders aufgrund seiner Drogensucht nicht einmal mehr seine Gitarre stimmen und nahm seinen Part „aus akustischen Gründen" im Badezimmer eines Kölner Studios auf.

Unmittelbar nach den Aufnahmen flog Thunders nach New Orleans, wo er in Saint Peter's Guest House an einer Überdosis Methadon verreckte. Am 23. April 1991 gegen 13.00 Uhr wurde „die Leitfigur der Hosen-Ideologie", die bürgerlich John Anthony Genzale hieß und vier Kinder hinterließ, tot aufgefunden. Die Toten Hosen mussten sich daraufhin „einen neuen Grund suchen, Punkrocker zu sein" und den Text ihres Songs „Wort zum Sonntag" abändern. Statt zu beteuern, auch weiterhin dem Punk treu zu bleiben, sangen sie nun: „Hey, Johnny, kannst du uns grad seh'n? / Wir vergessen dich nicht / Wir werden überall von dir erzähl'n / damit dein Name ewig weiterlebt."

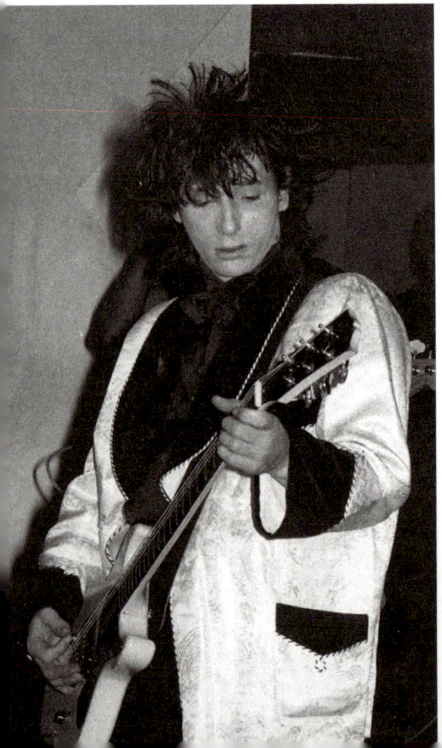

Johnny Thunders bei einem Konzert in Berlin, 1984

Mitwirkende II

Ebenso wie die Ramones mussten auch Die Toten Hosen alle paar Jahre ihren Schlagzeuger ersetzen.

Trini Trimpop war in Kierspe im Sauerland aufgewachsen, wohnte seit 1976 in Düsseldorf und hatte angeblich einst einen Profivertrag des Zweitliga-Fußballclubs Rot-Weiß Lüdenscheid zugunsten von „Drogen, Weibern und der Gang" abgelehnt. Er drehte lieber Super-8-Filme mit Titeln wie *Humanes Töten* oder *Blitzkrieg Bop* und wurde sogar für den Max-Ophüls-Preis nominiert.

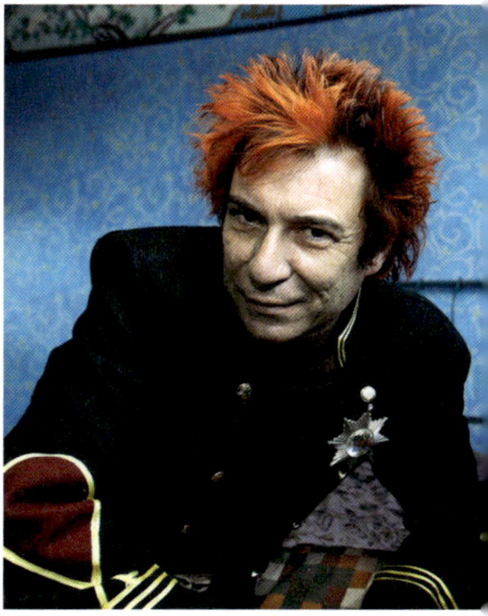

Beim Kriminalitätsförderungsclub (KFC) hatte er abwechselnd gesungen und Schlagzeug gespielt, als er einen Telefonanruf von Campino erhielt, der ihn fragte, ob er nicht in seine neue Band einsteigen wolle: „Du warst schon mal auf der Bühne. Und wer einmal Blut geleckt hat, der kann doch nicht aufhören."

Damit hatte Campino ihn auf dem richtigen Fuß erwischt und sein Interesse geweckt. Und so wurde „der Keith Moon von Flingern" (Campino) der erste Schlagzeuger der Toten Hosen und prägte entscheidend das Image der Band als „ungewaschene Spätausgabe von Dave Dee, Dozy, Beaky, Mick & Tich".

Im Oktober 1985 gab Trimpop jedoch seinen Rücktritt als Schlagzeuger bekannt. Selbstkritisch hatte er erkannt, dass er es „im großen Stil" nicht draufhabe, „so fehlerfrei zu spielen", wie es nötig sei. Da er sich aber sicher war, „dass wir mal groß werden", wollte er der Band nicht im Weg stehen, sondern wechselte auf die Trainerbank und übte mit den Hosen, so ihr Roadie Faust, fortan „Fußball, Sidesteps, Ali Shuffle". 1992 nahm er dann endgültig seinen Hut, um die TV-Sendung *Keynote* zu moderieren und ein paar Oldtimer, die er sich im Lauf der Jahre zugelegt hatte, an Filmproduktionen zu verleihen: „Ich hatte halt irgendwann den Eindruck, dass es zu viel Monkey-Business wird. Es kamen immer mehr Promotion-Aktionen, die wir machen mussten, weil wir dachten, dies gehöre für eine erfolgreiche Band dazu."

Jakob „Jake" Keusen von der Düsseldorfer Band Die Profis ersetzte Trini Trimpop am Schlagzeug, war für die damals noch eher dilettantischen Hosen aber viel zu talentiert – weshalb auch vereinbart wurde, dass er nur so lange aushelfen sollte, bis sie einen Drummer gefunden hätten, der besser zu ihnen passte. Jake war auf dem ersten Live-Album der Hosen zu hören und sprang später vorübergehend für seinen Nachfolger Wölli ein, als der sich beim Versuch, auf dem dänischen Roskilde-Festival der schwedischen Gruppe Europe („The Final Countdown") in die Boxen zu pinkeln, den Fuß gebrochen hatte. Für Keusen selbst nahm es ein bitteres Ende, als er im August 1989 von einem Nachbarn erstochen wurde, dem sein Getrommel auf die Nerven gegangen war.

Wolfgang „Wölli" Rohde von den Suurbiers spielte ab Januar 1986 für die Hosen, womit die Band neben Kuddel „endlich noch einen Musiker an Bord" hatte, der wusste, „wie man mit seinem Instrument umzugehen hat". Seinen ersten Auftritt mit den Hosen hatte er auf dem *Anti-Waahnsinns-Festival* gegen die Wiederaufbereitungsanlage in Wackersdorf.

Nach seinem Umzug von Berlin nach Düsseldorf war Wölli, der etwa zehn Jahre älter war als die übrigen Hosen, ein fester Bestandteil der Band – bis er 1999 mitten in der Produktion des Albums *Im Auftrag des Herrn* das Trommeln aufgeben musste, weil er Probleme mit der Bandscheibe hatte.

Wölli blieb jedoch ein stimmberechtigtes Mitglied der Hosen, hatte dann aber einen schweren Autounfall, bei dem er sich so gut wie jeden Knochen brach. 2004 gründete er das Label Goldene Zeiten und sieben Jahre später veröffentlichte Jochens kleine Plattenfirma ein Album von Wölli & Die Band des Jahres, bei der er nun sang; bei zwei Songs wurde er von Kuddel und Vom im Studio unterstützt und auf der Single „Alles nochmal von vorn“ ist er im Duett mit Campino zu hören. Am 7. Mai 2016 starb er an Nierenkrebs. Wölli wurde im Gemeinschaftsgrab der Hosen auf dem Düsseldorfer Südfriedhof beigesetzt.

Stephen „Vom“ Ritchie gab sein Debüt als „Little Drummer Boy“ am 1. September 1998, als Wölli wegen eines Bandscheibenvorfalls ausfiel. Der laufende Meter mit dem harten Punch hatte zuvor bei der Gruppe Doctor & The Medics getrommelt und war Wöllis Schlagzeug-Roadie gewesen, bevor er ihn an den Drums ersetzte.

„Einerseits im Sinne von Wölli zu spielen, andererseits seine eigene Leistung und seinen Charakter einzubringen, ohne zu weit zu gehen“, brauchte Campino zufolge ein bisschen Zeit. Mittlerweile gehört Vom der Band aber seit mehr als 20 Jahren an – auf ausdrücklichen Wunsch als Angestellter und nicht als Teilhaber.

Er ist eine Mischung aus Familienvater, der in seiner Düsseldorfer Wohnung eine Kellerbar hat, und dem The-Who-Schlagzeuger Keith Moon (als der noch nicht völlig durchgedreht war) und besitzt die größte Plattensammlung von allen Hosen. Zusammen mit Campino bildet er die „Englandfraktion“ der Band und ist stets very british gestylt – sowohl beim Golfen als auch beim Zelten.

CAMPINO

Neben Kuddel und Trini Trimpop spielte anfangs auch Campino gelegentlich Schlagzeug, und zwar bei den Titeln „Sommernachtstraum“ und „Armee der Verlierer“. Und als Vom mit seinem Vater bei einem Hosen-Konzert den „Blitzkrieg Bop“ sang, half er als Drummer aus.

Als Berlin seinen letzten Charme verlor

Angeblich wurde Campino von der Stasi verhört, weil Die Toten Hosen illegal in der DDR aufgetreten waren. Der Grund war jedoch seine große Klappe.

Mark Reeder, einem in Berlin lebenden Engländer, der dem Kreis um den wahren Heino angehörte und ihre ersten Konzerte mischte, haben die Hosen es zu verdanken, dass sie im März 1983 als erste westliche Band illegal in der DDR auftraten.

Bei dem Konzert in der Erlöserkirche im Ostberliner Stadtteil Rummelsburg musste Trini Trimpop mit Schlagzeugsticks aus Aluminium spielen, und für Campino hatten Reeders Ostberliner Freunde, darunter auch der spätere *Polizeiruf-Kommissar* Bernd Michael Schade, ein Mikro besorgt, das schon nach zehn Minuten nicht mehr funktionierte, sodass alle extrem leise spielen mussten, damit man seine Stimme überhaupt hören konnte. Trotzdem tanzten die Ostberliner Punks nach dem Gebet Pogo, was für Trini ein ergreifender Augenblick war: „Da hatten wir Tränen in den Augen."

Bei ihrem zweiten Auftritt in der DDR, 1988 vor der Hoffnungskirche in Berlin-Pankow, war die Stasi bereits bestens informiert. Sie wusste nicht nur, dass Kuddel Linkshänder ist und eine entsprechende Gitarre benötigte, sondern auch, wie sie in den Ostteil der Stadt hineingeschmuggelt wurde, weil sie Uwe Geyer, den Sänger der Vorgruppe Die Vision, zuvor erfolgreich „abgeschöpft" hatte. Das Konzert wurde mysteriöserweise aber erst nach einer Stunde abgebrochen, und allein Campino wurde verhört. Allerdings nicht, weil er verbotenerweise aufgetreten war, sondern weil er bei der Ausreise seine roten Haare nicht mehr unter einer Mütze versteckte und die Frage eines Grenzsoldaten („Welcher Idiot hat den denn reingelassen?") zutreffend beantwortete: „Es kann ja nur einer von euch gewesen sein."

Von der Maueröffnung erfuhren die Hosen, nachdem sie am 9. November 1989 im legendären Pariser Olympia gespielt hatten. Am Morgen darauf hatten sich die meisten Protagonisten in der Hotellobby versammelt und waren noch etwas verkatert, weil es am Abend zuvor sehr spät geworden war, als der damals noch dicke Faust zur Tür reinkam und erzählte, die Berliner Mauer sei gefallen. Kaum hatte jemand den Fernseher eingeschaltet, waren auch schon die ersten Mauerspechte vor dem Brandenburger Tor zu sehen, und Campino verkündete: „Jetzt hat Berlin seinen letzten Charme verloren." Was die Hosen aber nicht davon abhielt, sich nach einem Fototermin für den *stern* in ihren Kleinbus zu quetschen und bis nach Berlin durchzufahren, weil sie unbedingt beim großen Willkommenskonzert in der Westberliner Deutschlandhalle dabei sein wollten.

Fast 40 Jahre nach ihrem ersten konspirativen Auftritt in der DDR gaben sie für die ARD-Doku-Serie *Auswärtsspiel – Die Toten Hosen in Ost-Berlin* in der Pankower Hoffnungskirche erneut ein Konzert. Zugegen waren auch ehemalige Mitglieder der DDR-Punk-Band Planlos, die seinerzeit ebenfalls aufgetreten und anschließend von der Stasi verfolgt und drangsaliert worden war.

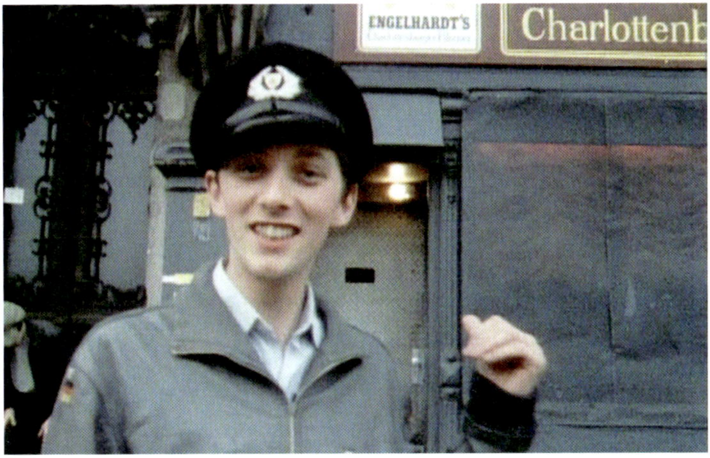

Mark Reeder vor dem Risiko, 1985

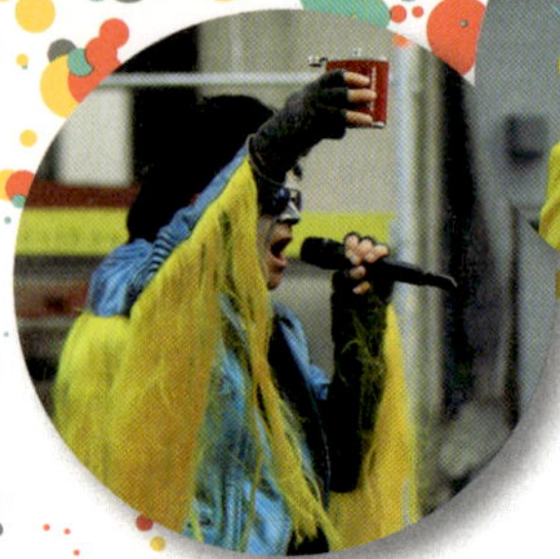
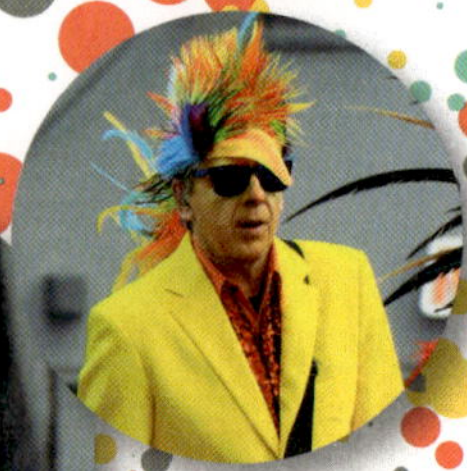
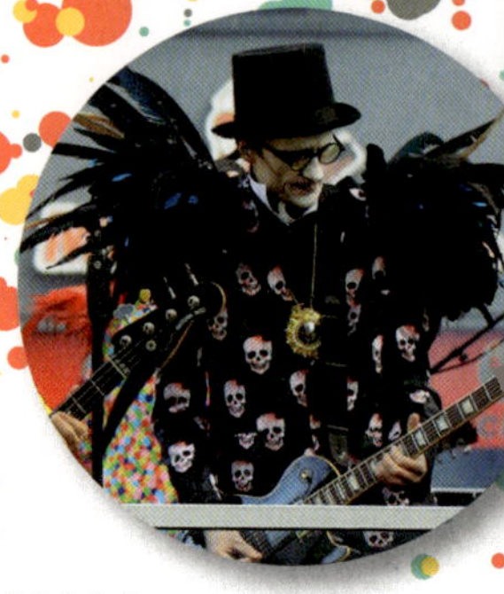

Hosenmontag

Spätestens mit ihrem „Altbierlied“ outeten sich Die Toten Hosen als rheinische Frohnaturen.

Ihr drittes Album *Damenwahl* sollte ihnen neue Hörerkreise erschließen, weshalb die Songs etwas langsamer waren, der Sound etwas glattgebügelt und der Gesang etwas klarer abgemischt wurde. Ihr Produzent Jan Caffery hält es jedoch für ihr schlechtestes Album überhaupt, und auch die Band selbst war damit nicht wirklich zufrieden.

Mit dem „Altbierlied“ enthielt es zudem eine ironiefreie Cover-Version eines Karnevalsschlagers von Hans Ludwig Lonsdorfer, der vor Heimspielen der Düsseldorfer EG unmittelbar vor Beginn ertönte. Im Video dazu, das im Düsseldorfer Tanzlokal Weindorf gedreht wurde, präsentierten sich die Hosen als rheinische Frohnaturen wie aus dem Bilderbuch.

Somit war es nur folgerichtig, dass sie gemäß ihrem Motto „Wir beerdigen den guten Geschmack“ 1996 den Düsseldorfer Rosenmontagszug in einen Hosenmontagszug umfunktionierten, ihre Security-Leute in Mönchskutten steckten und selbst in Frauenkleidern auftraten. Ihr Festwagen mit „der lautesten Verstärkeranlage auf Rädern“ war der Höhepunkt des rheinischen Treibens und zugleich ein Super-GAU für alle Berufskarnevalisten. Es dauerte allerdings mehr als 20 Jahre, bis sie 2018 erneut mit einem eigenen Wagen am Düsseldorfer Rosenmontagsumzug teilnahmen.

Was Sie schon immer über Sex wissen wollten

Obwohl sie keiner Schandtat abgeneigt waren, machten die Hosen kaum mit Sex-Eskapaden von sich reden.

Nach der ersten Hosen-Tour fragte sich ihr Manager Jochen Hülder, ob die Band vielleicht schwul sei, weil sie sich nicht für Groupies interessierte. Die Hosen gründeten daraufhin eine Sexliga. Einen Punkt gab es für Knutschen, zwei für Fummeln und drei für Geschlechtsverkehr. Wer zweimal mit derselben pennte, gehörte zwar noch nicht zum Establishment, Wiederholungen galten aber als Freundschaftsspiele und wurden in der Tabelle nicht berücksichtigt, die Campino mit großem Vorsprung anführte, bevor die Liga Mitte der 1980er Jahre mangels Beteiligung wieder eingestellt wurde.

Den Tour-Deppen-Pass sicherte sich hingegen Breiti, als er mit einer Frau flirtete und sie in den Armen trug, versehentlich aber ihren Kopf gegen ein Stoppschild rammte.

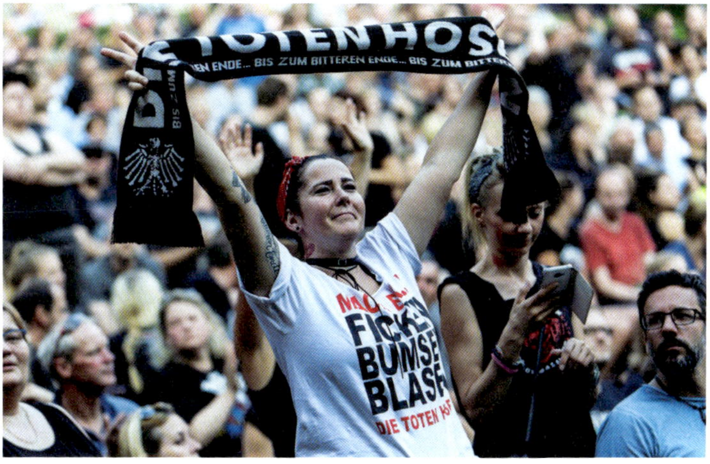

Der *Musikexpress* hatte es nur gut gemeint, als er Trini Trimpop 1984 in einem Bericht über die Frankreich-Tournee der Toten Hosen mit dem Satz zitierte: „Ich mag Austern nicht, weil die schmecken wie Mädchen zwischen den Beinen.“ Trini erwirkte daraufhin jedoch eine Gegendarstellung und stellte klar: „Ich habe nie gesagt, dass Mädchen zwischen den Beinen nicht schmecken. Und außerdem habe ich in Frankreich 36 Austern gegessen, die mir ausgezeichnet mundeten.“

Anlässlich ihrer *Damenwahl*-Tournee im Herbst 1986 kreierten Die Toten Hosen ein übelriechendes Parfum und ließen ihre Konzertreise offiziell vom Präservativhersteller Fromms ausrichten. Das ermöglichte es den Hosen, jeden Abend Hunderte von Kondomen ins Publikum zu werfen und so ihrem Aufruf zur Massenkopulation im Song „Hofgarten“ Nachdruck zu verleihen. Dessen einprägsamer Refrain wurde schon bald begeistert mitgesungen: „Ficken – bumsen – blasen – mitten auf dem Rasen.“

Sich auf der Bühne auszuziehen und seinen Schniepel dem Publikum zu präsentieren, war eine Mutprobe, die in den 1980er und 1990er Jahren zu einem Rockkonzert gehörte wie das obligatorische Schlagzeug-Solo zum Auftritt einer Heavy-Metal-Band. Als auch Die Toten Hosen und sogar der ehrenwerte Trini Trimpop bei einem Konzert blankzogen, schüttelte der Hosen-Roadie Uwe Faust jedoch pikiert den Kopf. Trini hatte damit allerdings kein Problem, war er in seiner Jugend doch Mitglied eines FKK-Vereins gewesen.

Dass die *Bild* Campino 1998 zum zweiterotischsten deutschen Mann erkor, war für ihn „ein Schock“, unter dem er lange Zeit litt, wie er einmal breit grinsend bemerkte.

Bevor ihre Rivalen, Die Ärzte, Konzerte nur für Frauen und nur für Männer gaben, waren auch Die Toten Hosen schon einmal ausschließlich vor weiblichen Fans aufgetreten: Für ein Konzert in Rottweil rasierten sie sich 2002 extra die Beine, zogen Leopardenslips an und bedeckten beim Striptease ihre Blößen nach Art der Red Hot Chili Peppers mit Socken.

AHA!

Alles aus Liebe

Liebeslieder der Toten Hosen nehmen nie ein gutes Ende.

Eimerweise weiße Farbe benötigte ein verliebter Hosen-Fan 1994, um den gesamten Text von „Alles aus Liebe" auf die Staatsstraße bei Niklasreuth im Kreis Miesbach zu pinseln, in dem es heißt: „Und alles nur, weil ich dich liebe / Und ich nicht weiß, wie ich's beweisen soll / Komm, ich zeig dir, wie groß meine Liebe ist / Und bringe mich für dich um." Die 140 Meter lange Liebeserklärung wurde jedoch schon kurz darauf wieder von der Feuerwehr entfernt. Ob der verliebte Hosen-Fan den Text auch in die Tat umgesetzt hat, ist nicht bekannt.

In der Bandbiografie *Bis zum bitteren Ende* … erwähnt Campino hingegen einen nicht ganz textsicheren Macho, der in einer Kneipe die Single „Alles aus Liebe" auflegen ließ, bevor er seine Freundin niederschoss, weil sie mit ihm Schluss gemacht hatte.

Große Gefühle in Songs auszudrücken, war für Die Toten Hosen jedenfalls stets „ganz schwierig", wie es Breiti gegenüber dem Hosen-Biografen Philipp Oehmcke ausdrückte: „Wenn wir ein Liebeslied machen, dann ist klar, dass zum Schluss irgendeiner stirbt und es kein gutes Ende nimmt."

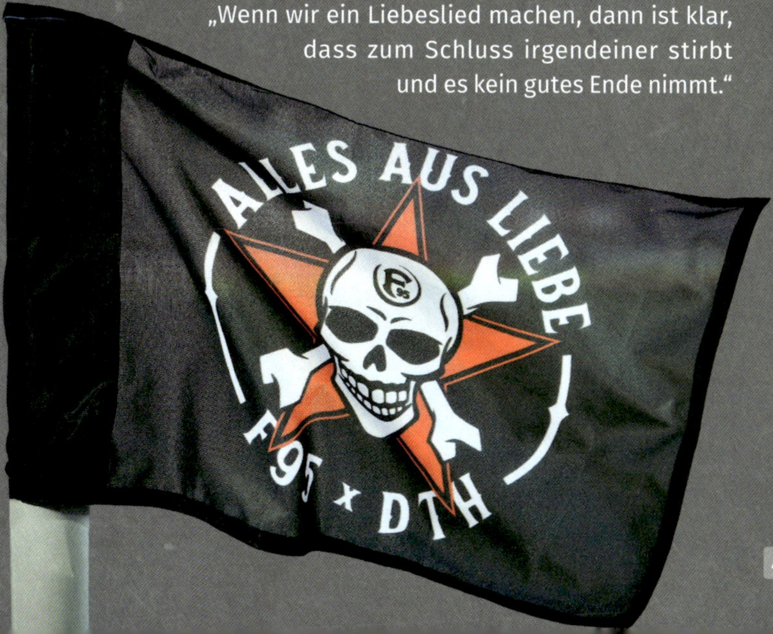

Die Fortuna-Mark

Die Toten Hosen sind schon seit ihrer Kindheit Fans von Fortuna Düsseldorf – und ließen sich das auch was kosten.

Zu Beginn ihrer Karriere wurden die Hosen noch von Hooligans des Vereins gejagt, die ihnen die Haare schneiden wollten, wenn sie ihnen auf der Straße begegneten. Heute werden sie hingegen von ihnen verehrt, weil sie dem Club auch dann noch treu geblieben waren und ihn tatkräftig unterstützt hatten, als er 1987 in die zweite Liga abgestiegen war.

Weil sie „in einer Stadt ohne erste Liga“ einfach nicht leben wollten, führten sie zwei Jahre später die „Fortuna-Mark“ ein. Von jeder Eintrittskarte, die sie auf ihrer Tournee verkauften, spendeten sie eine Mark an den Verein, damit er nach dem Wiederaufstieg den Jugendspieler Oliver Gensch unter Vertrag nehmen und den ghanaischen Profi Anthony Baffoe kaufen konnte. Insgesamt kamen so 150.000 D-Mark zusammen, mit denen die Fortuna das rechte Bein von Anthony Baffoe finanzierte.

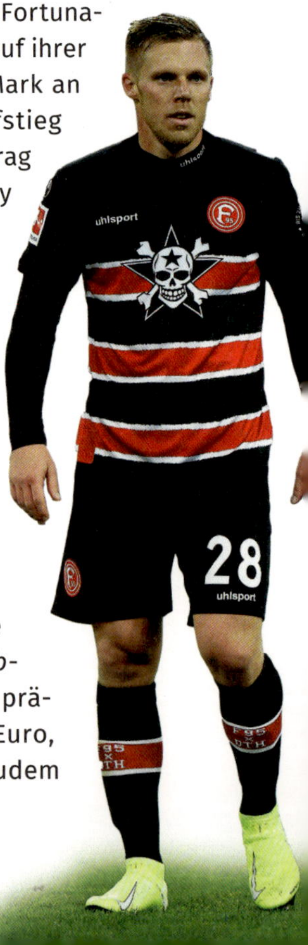

Das Engagement der Hosen für „ihren“ Verein sorgte bundesweit für Aufsehen, und jedes Mal, wenn im Fernsehen über ein Spiel von Fortuna berichtet wurde, erklang dazu ihr Song „Hier kommt Alex“ – womit der damalige Trainer von Fortuna Düsseldorf, Aleksandar Ristić, gemeint war.

Als ihr Lieblingsverein 2002 gar in die vierte Liga abstieg, ließen sie die *Unsterblich*-Tournee von der Bierbrauerei Diebels präsentieren und überwiesen eine Million Euro, die sie dafür erhielten, an die Fortuna. Zudem sprangen sie erstmals als Trikotsponsoren ein, und Breiti feuerte die Oberligisten an: „Spielt wie Angus Young von AC/DC – jeden Abend 120 Prozent. Nur die Soli sollten nicht so lang sein." Das Fortuna-Trikot mit dem Totenkopf auf der Brust gehört mittlerweile zu den meistverkauften in der Vereinsgeschichte.

Es dauerte zehn Jahre, bis die Fortuna wieder erstklassig wurde – mithilfe der Toten Hosen. Vor dem entscheidenden Relegationsspiel gegen Hertha BSC Berlin traten sie 2012 im Mannschaftshotel der Fortuna auf und sangen für die Spieler „Tage wie diese" und die Liverpool-Hymne „You'll Never Walk Alone". Als die Fortuna am nächsten Tag den erneuten Aufstieg in die erste Bundesliga schaffte, verlieh man den Hosen zum Dank in der Saison darauf vor dem Heimspiel gegen den FC Bayern München die Ehrenmitgliedschaft.

In einem weiteren Hosen-Trikot lief die Fortuna unter dem Cheftrainer Friedhelm Funkel am 23. November 2019 auf, wiederum in einem Heimspiel gegen den FC Bayern München. Ein Teil des Erlöses kam dem Nachwuchsleistungszentrum der Fortuna zugute. Ihr Song „Alles aus Liebe" war dabei ein zentrales Gestaltungselement: Auf der Brust war der Totenkopf auf einem fünfzackigen Stern zu sehen, auf dem Ärmel ihr Logo „Bis zum bitteren Ende", und in den Kragen eingenäht: „Alles aus Liebe – DTH F 95". Das Spiel verlor die Fortuna allerdings 0:4, und sieben Monate später stieg sie ein weiteres Mal ab.

Eines der härtesten Auswärtsspiele bestritten die Hosen jedoch selbst. Nach Konzerten in Hamburg ließen sie zu Beginn ihrer Karriere den Abend meistens in der Altonaer Kneipe Subito ausklingen. Mit der Belegschaft vereinbarten sie bei einem dieser spätabendlichen Besäufnisse, gemeinsam die Nacht durchzufeiern und am nächsten Tag gegeneinander Fußball zu spielen. Der Verlierer hatte die Zeche, immerhin über 2000 D-Mark, zu zahlen. Das Spiel endete unentschieden, sodass ein Elfmeterschießen folgte, in dessen Verlauf ausgerechnet der Chef des Subito den entscheidenden letzten Ball verschoss.

Rouwen Hennings im Hosen-Trikot

Keine Ahnung von Fußball

Seit der WM 1990 sind die Hosen auch als Fußball-Experten gefragt.

Den italienischen Schlager „Azzurro“ hatten einst Paolo Conte und Vito Pallavicini geschrieben, und er war bereits 1968 in der Version von Adriano Celentano ein internationaler Hit gewesen. Auch die italienische Nationalmannschaft, die Squadra Azzurra, hatte ihn schon aufgenommen, bevor Campino ihn in „Lautschrift-Italienisch“ (Kuddel) sang und er, gehörig aufgemöbelt, im Rahmen der Berichterstattung über die Fußball-Weltmeisterschaft 1990 permanent gesendet wurde. Für die *taz* und mehrere kleine Radiosender berichteten die Hosen damals direkt aus den italienischen WM-Stadien und verbanden so ihre Fußball-Leidenschaft mit der Promotion für ihr neues Album *Auf dem Kreuzzug ins Glück*.

Bei der Europameisterschaft 2000 hatte Campino es dann schon zum ZDF-Co-Moderator gebracht und assistierte dem Duo Günter Netzer und Gerhard Delling. Und 2012 lud der Team-

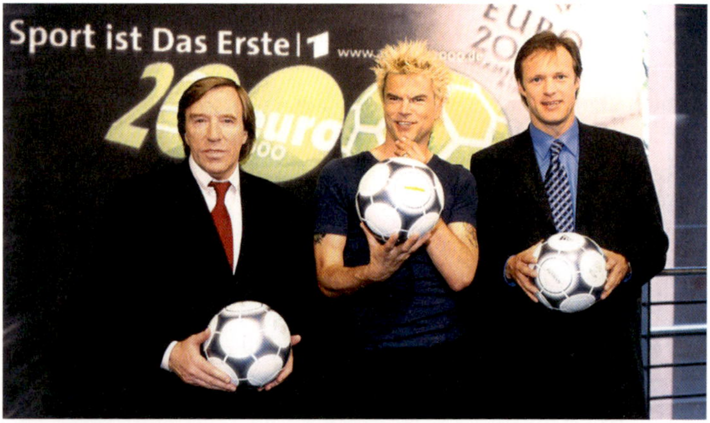

Campino mit Günter Netzer und Gerhard Delling

manager der DFB-Elf sie ins EM-Quartier in der Ukraine ein, wo sie im Fall eines Finaleinzugs live auftreten sollten, um die Mannschaft noch mehr zu motivieren. Doch daraus wurde bekanntlich nichts. Als Deutschland zwei Jahre später erneut Weltmeister wurde, erklang der Hosen-Hit „Tage wie diese“ jedoch im Maracana-Stadion von Rio de Janeiro, und natürlich sollten sie ihn auch bei der Siegesfeier am Brandenburger Tor spielen – was sie jedoch ablehnten. Stattdessen trat dort Helene Fischer auf, die den Song längst in ihr Live-Repertoire übernommen hatte.

Dabei ist Fußball ihr Leben, wie das deutsche WM-Team von 1974 geträllert hatte. Und auch im Studio benutzen die Hosen stets Fußball-Metaphern, wie ihr Produzent Vincent Sorg ausplauderte: Wenn sie sich bereits aufgenommene Songs anhören, um zu entscheiden, ob sie gut genug sind, um auch veröffentlicht zu werden, bewerten sie die mit den Worten „weit vorbeigeschossen“ oder „knapp vorbeigeschossen“. Sorg wusste so immer, ob es ein Song in die nächste Runde schaffen würde. Manche Stücke berappeln sich aber noch mal, und dann wird ein zweiter Anlauf unternommen. Auch dafür gibt es eine Metapher: „Der hat es von der Ersatzbank wieder in die Stammelf geschafft.“

Für ihren Kampf gegen Antisemitismus, Rassismus, Sexismus und Homophobie im Fußball wurden Die Toten Hosen 2019 mit dem Julius-Hirsch-Ehrenpreis des DFB ausgezeichnet. Und auch so manchen Gegner lernten sie zu schätzen. Als Campino eines Tages auf einem Flughafen die Zeit totschlug und mangels anderer Lektüre eine dort ausliegende *Bild* las, wurde ihm plötzlich das Blatt aus der Hand geschlagen: „Dieses Lügenblatt liest man doch nicht.“ Campino schaute verdutzt auf und erblickte den ehemaligen Bundestrainer Berti Vogts, mit dem er 1991 für das *SZ-Magazin* ein Streitgespräch geführt hatte.

Nur als der Hosen-Manager Jochen Hülder ihm einmal einen vom FIFA-Präsidenten Joseph Blatter signierten Fußball schenkte, verstand Campino keinen Spaß. Das fand er gar nicht witzig und warf den Ball gleich weg.

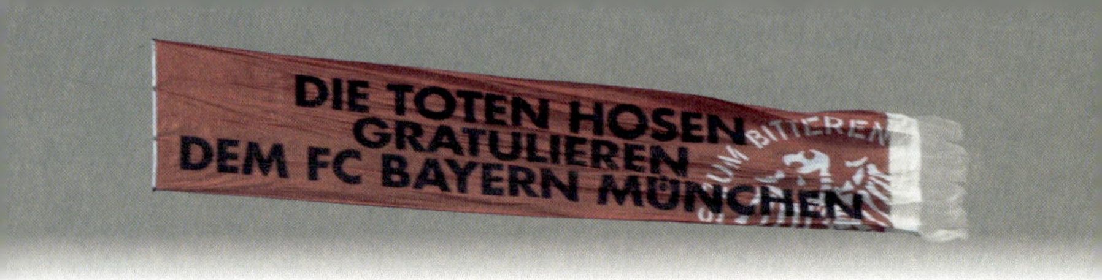

Majestätsbeleidigung

Ein Schmählied gegen den FC Bayern München erwies sich für Die Toten Hosen als Bumerang – und kam sie teuer zu stehen.

Als Fortuna Düsseldorf zwischenzeitlich in der dritten Liga kickte, schworen die Hosen auf ihrem Album *Unsterblich* einmütig: „Es kann so viel passieren, es kann so viel geschehen. Ganz egal, wie hart mein Schicksal wär, ich würde nie zum FC Bayern München gehen." Und weil sie „fußballmäßig sowieso nicht mehr für voll genommen" wurden, krönten sie ihre Tirade gegen den deutschen Rekordmeister FC Bayern München mit einem gezielten Tritt unter die Gürtellinie: „Was für Eltern muss man haben, um so verdorben zu sein, einen Vertrag zu unterschreiben bei diesem Scheißverein?"

Die rüde Attacke ließ den Bayern-Manager Uli Hoeneß, der angeblich noch nie zuvor ein Lied der Hosen gehört hatte, Schlimmstes befürchten: dass das wuchtige Schmählied ihm demnächst in Leverkusen, Dortmund, Hamburg oder Kaiserslautern aus den Lautsprechern entgegendröhnen und einen anderen Anti-Bayern-Song ablösen würde – den nach der Melodie von „Yellow Submarine" gesungenen Sprechgesang „Zieht den Bayern Gut befreundet: Jürgen Klopp und Campino fürs Grobe zu Protokoll, dass „diese Band oder Bande" nicht mal das Briefpapier wert sei, „um einen Brief zu schreiben per Anwalt". Denn für Hoeneß waren Die Toten Hosen nur „Dreck, an dem unsere Gesellschaft irgendwann ersticken wird".

Mit seinem verbalen Konter belehrte Hoeneß all diejenigen eines Besseren, die nicht mehr so recht an die Legitimation von Punkrock geglaubt hatten: Wer Seine Majestät beleidigte, war in Hoeneß' Augen ein Vaterlandsverräter.

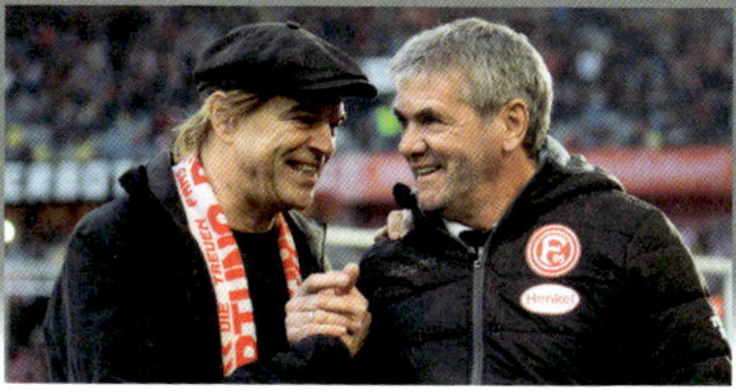

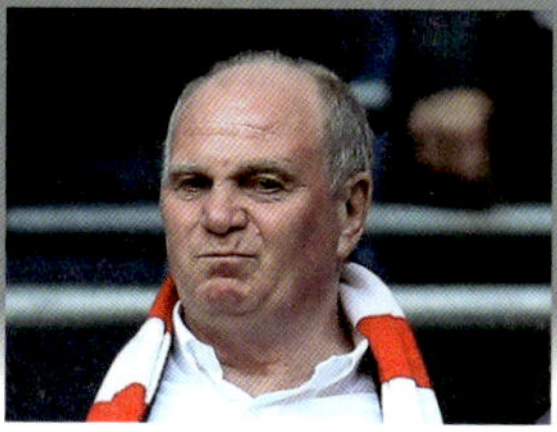

Campino ließ sich das Maul jedoch nicht verbieten. Im *Spiegel* grätschte er Hoeneß erneut in die Parade: „Uns war nicht klar, dass das Lied bereits zwei Tage nach der Veröffentlichung in der Bayern-Kabine diskutiert werden würde. Hoeneß wollte wohl zuerst sogar rechtliche Schritte einleiten. Aber dann muss ihm irgendjemand gesagt haben: Du legst dich mit Leuten an, die das regelmäßig machen." Dabei hätten er und Hoeneß doch vieles gemeinsam. „Die Nacht von Belgrad 1976 etwa, in der er den Elfmeter verschossen hat, als es um die Europameisterschaft ging – das werde ich nie vergessen. Und er auch nicht."

Das Video zu diesem Schmählied drehte der Regisseur Peter Thorwarth auf einem mit Pfützen übersäten Ascheplatz von Alemannia 08 in Flingern, und Campino erweckte darin drehbuchgemäß den Eindruck, sich das rechte Bein gebrochen zu haben, woraufhin er von Zuschauern vom Platz getragen wurde. Um das Amateurhafte der Hosen zu betonen, wurde beim Dreh auf eine professionelle Ausrüstung bewusst verzichtet.

Im Mai 2000 deutete alles darauf hin, dass nicht der FC Bayern Deutscher Meister wurde, sondern Bayer Leverkusen. Um den verhassten Bayern hämisch zur verpassten Meisterschaft zu gratulieren, charterten die Hosen ein Flugzeug, das ein Werbebanner hinter sich herziehen und über dem Münchener Marienplatz kreisen sollte. Doch dann verlor Leverkusen am letzten Spieltag völlig unerwartet gegen die Spielvereinigung aus Unterhaching – und Bayern wurde erneut Meister. Das Flugzeug zog aber trotzdem seine Kreise, weil die Hosen nicht als schlechte Verlierer dastehen wollten.

Es nutzte alles nichts: Im Süden der Bundesrepublik waren die Verkäufe sämtlicher Hosen-CDs deutlich eingebrochen, was Campino freimütig einräumte, als er zehn Jahre später Uli Hoeneß zum 60. Geburtstag gratulierte.

AHA!

God save the Queen

Bevor Campino mit dem FC Liverpool Englischer Meister wurde, nahm er schnell noch die britische Staatsbürgerschaft an.

Nachdem der FC Liverpool am 25. Mai 2005 einen 0:3-Rückstand zur Pause im Champions-League-Finale gegen den AC Mailand aufgeholt und mit 6:5 nach Elfmeterschießen doch noch gewonnen hatte, schwenkten Hosen-Fans selbst gebastelte Pokale, wenn die Band am Ende eines Konzerts „You'll Never Walk Alone" anstimmte, die Vereinshymne der Liverpudlians.

Großen Anteil an dem Sieg hatte der zur Halbzeit eingewechselte ehemalige Bayern-Profi Didi Hamann, der auch mit gebrochenem Fuß weiterspielte und deshalb ähnlich wie der einst für Manchester City spielende deutsche Torwart Bert Trautmann, der trotz gebrochener Halswirbel ein Spiel beendet hatte, von der Red Army verehrt wurde: „Three goals down, who the fuck – Didi Hamann won the cup." Nach dem Sieg gegen Mailand lud er Andi und Campino zur Siegesfeier im Mannschaftshotel des FC Liverpool ein.

Vier Jahre zuvor hatte der Präsident von Borussia Dortmund, Gerd Niebaum, Campino anlässlich eines entscheidenden Gruppenspiels zwischen dem BVB und dem LFC zu einem Abendessen der Vereinspräsidenten eingeladen und ihn als Sänger einer berühmten deutschen Punk-Band und „die-hard-fan" des FC Liverpool vorgestellt. Seitdem geht Campino in der Kabine seines Lieblingsvereins ein und aus. Und hin und wieder wird im Stadion an der Anfield Road auch ein Song der Toten Hosen gespielt: „Lass los und komm in meine Arme ...!" oder ihre Cover-Version des McCoys-Hits „Hang On Sloopy".

Zu verdanken haben Die Toten Hosen das dem langjährigen Liverpooler Stadionsprecher George Sephton, der damit dem

Gut befreundet: Jürgen Klopp und Campino

LFC-Trainer Jürgen Klopp eine Freude machen wollte, mit dem Campino wiederum eng befreundet ist. So sehr, dass die beiden nach dem verlorenen Champions-League-Finale 2018 gegen Real Madrid in volltrunkenem Zustand einen französischen Schlager mit einem neuen Text versahen, ihn mit dem Handy aufnahmen und trotz größter Bedenken des Totenkopf-Geschäftsführers Patrick Orth über Online-Kanäle verbreiten ließen. Als die beiden wieder halbwegs nüchtern waren, hatten Hunderttausende das Gelalle bereits angeklickt – und die englischen Zeitungen berichteten ausführlich über „Klopp staying upbeat".

Großes Glück hatte hingegen der Liverpool-Stürmer Peter Crouch, der eigentlich seinen Junggesellenabschied im Münchner Hofbräuhaus feiern wollte, mit seinen Freunden dann aber kurzentschlossen bei einem Hosen-Konzert in Braunschweig auftauchte und mit ihnen „You'll Never Walk Alone" sang. Von dieser

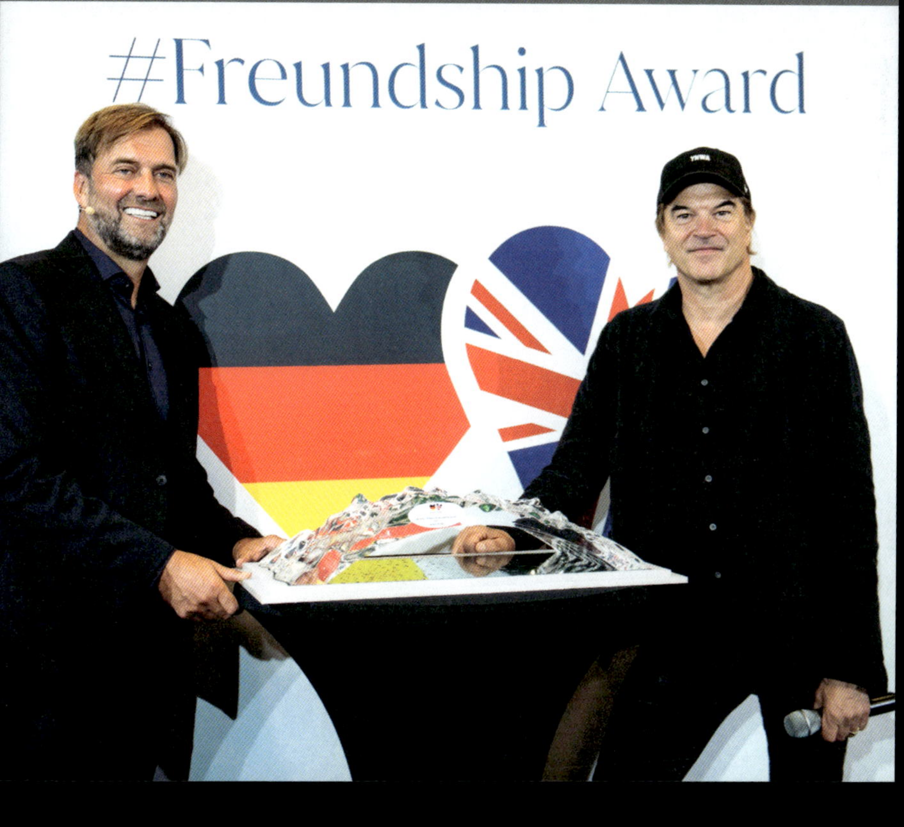

Einlage, die eindeutig bewies, dass Crouch besser das Tor als einen Ton treffen kann, tauchten keine Aufnahmen im Internet auf.

Wie sehr sich die Auftritte und Tourneen der Toten Hosen am Spielplan des FC Liverpool orientieren, beschreibt Campino ausführlich in seiner Fußball-Familien-Saga *Hope Street*. In seinen Kalender trägt er „mit ritueller Liebe“ erst die Spiele des LFC ein, die er sich live ansieht, wann immer das möglich ist und egal, wo sie stattfinden. So gut es geht, plant er erst anschließend seine beruflichen Termine um sie herum ein. Da auch bei der Tourneeplanung und bei Reisen die Premier- und Champions-League-Daten berücksichtigt werden, muss er sich nur selten einen Monitor an den Bühnenrand stellen lassen, um während eines Auftritts ein Spiel verfolgen zu können. Solange er „keine zu großen Textaussetzer“ hat, lassen seine Bandkumpanen ihn gewähren.

Zu Spielen, die er daheim am Fernseher verfolgt, kocht er sich stets eine Tasse Tee. Vor schweren Spielen wählt er die Teesorten „Klarer Geist“ oder „Hellwach“, vor vermeintlich einfachen Partien die Sorten „Gute Laune“ oder „Pure Leichtigkeit“, nach Niederlagen oder schlechten Spielen muntert er sich mit den Sorten „Loslassen“, „Frieden finden“ oder „Frosch im Hals“ auf.

Als „Marketingopfer der Tee-Industrie“ empfände er es selbstredend als große Ehre, von der Queen mal zum Tee eingeladen zu werden, zumal er „schon immer ein Fan von Prince Charles“ war undim März 2019 gar die britische Staatsbürgerschaft annahm. Und so ist es kein Wunder, dass er von seiner Frau bisweilen auch Philip genannt wird, weil er ihr, wie Prince Philip der Queen, immer in gebührendem Abstand folgt – zumindest beim Shoppen.

O Tannenbaum

Mitten im Sommer 1998 nahmen Die Roten Rosen ein Album mit Weihnachtsliedern auf.

Nachdem bei ihrem 1000. Konzert ein Fan ums Leben gekommen war, benötigten Die Toten Hosen etwas Abstand zu allem und besannen sich wieder ihres Alter Egos Die Roten Rosen. Campino nannte sich Judas Inocenti, Kuddel wurde zu Johannes dem Säufer, Breiti hieß nun King Scratch Salomon, aus Andi wurde Cardinal Mendoza und Wölli ging als Herr Rohdes. Um mitten im Sommer „das richtige Feeling zu kriegen", verhängten sie im Studio alle Fenster, stellten das Thermostat auf 15 Grad, tranken Tee und stopften Spekulatius in sich rein. Andi: „Ab 17 Uhr wurde dann Gott sei Dank der Glühwein gereicht; sonst hätten wir das nicht durchgehalten."

Trotzdem musste sich Kuddel für „Still, still, still", bei dem die Rosen von den Biermösl Blosn musikalisch unterstützt wurden, erst warmschreien. Bei all dem kam „mehr als nur eine CD" heraus, wie es in der Presseinfo zur Platte hieß. Es war vielmehr „ein Lebenswerk, ein Glaubensbekenntnis, ein Aufschrei der Verzweiflung in dieser kalten Zeit voller Einsamkeit. Warme, besinnliche Töne zum Fest der Liebe. Weihnachten im Quadrat."

Laut Campino war die Platte im Ausland viel beliebter als daheim, wo sie aber immerhin die „meistverkaufte Weihnachtsplatte auf dem deutschen Markt" war und ein Evergreen mit ähnlich unbeschränktem Haltbarkeitsdatum wurde wie Heinrich Bölls Novelle *Nicht nur zur Weihnachtszeit*.

Seinen Erfolg verdankt die Platte nicht zuletzt britischen Christmas Songs wie „Auld Lang Syne", allzeit beliebten Weihnachtsrockern wie „Little Drummer Boy" und der heutigen Zeit angepassten Texten: „Ihr Kinderlein, kommet, o kommet doch all / zum Kiffen herkommet in Bethlehems Stall / und seht, was in dieser hochheiligen Nacht / das Gras aus Jamaika für Freude uns macht."

Powerplay des Wahnsinns

Mit den Leningrad Cowboys lieferten sich Die Toten Hosen ein Eishockey-Match der Extraklasse. Nur Kuddel konnte nicht teilnehmen, weil er sich angeblich im Training den Arm gebrochen hatte.

Drei Wochen lang hatten Die Toten Hosen Bass, Schlagzeug und Gitarren gegen Eishockeyschläger getauscht und sich auf ein „Länderspiel" gegen die finnischen Leningrad Cowboys vorbereitet. „Wir haben jeden Tag trainiert und nur noch Nudeln gegessen", beschrieb Campino die fürchterlichen Qualen des Trainingslagers.

Ihren Kampfnamen „Knochenbrecher Düsseldorf", mit dem sie ihren Gegner einschüchtern wollten, nahmen sie in der Vorbereitung allerdings etwas zu wörtlich. Breiti musste nach einem Zusammenprall mit sieben Stichen genäht werden, wurde aber gerade noch rechtzeitig zum Einsatz fit, während Kuddel nach einem Trainingsunfall mit einem Gipsarm auf einem „Schlittstuhl" unter dem Jubel der Massen in die Arena geschoben wurde und sich das Match von der Tribüne aus ansehen durfte – was sich später aber als Fake herausstellte: Auf diese Weise hatten die Hosen ihren einzigen Musiker nur schonen wollen, um bevorstehende Plattenaufnahmen nicht zu gefährden.

Für das Spiel, das unter dem Motto „Böse Fouls für einen guten Zweck" stattfand – die Einnahmen in Höhe von 160.000 D-Mark wurden einem Jugendhilfeprojekt und dem Nachwuchs der Düsseldorfer EG gespendet –, hatten sich die Hosen mit dem Eishockey-Profi Uli Hiemer, dem Altinternationalen Erich Kühnhackl und ein paar von Campinos Brüdern verstärkt, während die Cowboys von Spielern der finnischen Nationalmannschaft unterstützt wurden. Vor 11.000 Zuschauern lieferten sich die Teams in der ausverkauften Halle vis-à-vis von jenem Haus, in dem die Familie Frege einst gewohnt hatte, ein ebenso ungewöhnliches wie heißes Match. Die Cowboys traten mit Schlittschuhen im Stil ihrer Frisuren (wegen der auch auf das Tragen von Helmen verzichtet wurde) an, hatten Feuerwerkskörper im Puck versteckt und wollten ihr Tor mit einer Plexiglasscheibe sichern. Campino wiederum sorgte für Verwirrung, als er vergeblich versuchte, den Puck an seinem Schläger festzubinden, und Wölli erregte Aufsehen, weil er immer „viel mit Aufstehen beschäftigt" war.

Nach zwei Dritteln führten die Düsseldorfer Knochenbrecher sensationell mit 8:3, woraufhin die DEG-Profis das Tempo aus dem Spiel nahmen, um die finnischen NHL-Profis nicht allzu sehr zu brüskieren, die dann im letzten Drittel aber mit 10:9 in Führung gingen. Campino gelang zwar mit einem Traumtor noch der Ausgleich, doch fünf Sekunden vor Schluss bereitete Sakke Jarvenpää mit einem Solo zum 11:10 der Eishockey-Karriere der Toten Hosen ein jähes Ende, was Campino noch Jahre später wurmte. Zerknirscht versprach er gleich im Anschluss an das Spiel, das als „Powerplay des Wahnsinns" in die Eishockey-Annalen einging: „Wir wollen jetzt wieder Musik machen. Das können wir zwar auch nicht, aber es fällt weniger auf."

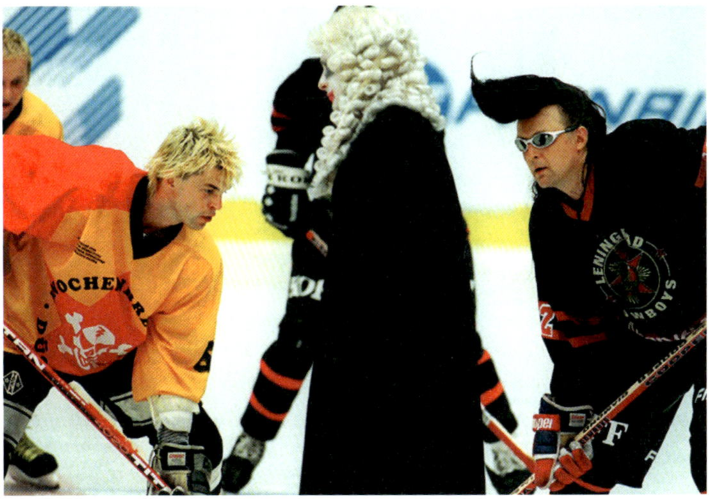

Duell der Volksmusik

Mit dem Kabarettisten Gerhard Polt und den Biermösl Blosn sind Die Toten Hosen schon seit 30 Jahren befreundet.

Seit Die Toten Hosen und die Biermösl Blosn sich 1986 auf dem *Anti-WAAhnsinns*-Festival gegen die geplante, aber nie fertiggestellte atomare Wiederaufbereitungslage in Wackersdorf kennengelernt hatten, sind „die preußischen Hochgeschwindigkeitsmusikanten“ und die „bajuwarischen Listiglandler“, wie der *Wiesbadener Kurier* sie einmal genannt hat, „in einer großen Koalition der Herzen“ eng miteinander verbandelt.

Unter der Leitung von Hanns Christian Müller nahmen sie 1990 gemeinsam mit dem Kabarettisten Gerhard Polt die Trilogie *Willi – ein Verlierer* für das Hosen-Album *Auf dem Kreuzzug ins Glück* auf. Manch einer war überrascht, Polts Stimme auf einer solchen Rock-Platte zu hören, doch dem gefiel an den Hosen, „dass es durch ihre Musik eine Reibung gibt, dass der Jugendliche merkt, dass er einem strengen Elternhaus nicht allein gegenübersitzt“. Polt wirkte auch 1993 an den Werbespots des Hosen-Albums *Kauf MICH!* mit.

Im November 1998 trafen sich die Gebrüder Well von den Biermösl Blosn, die Hosen und die Grantlergranate Polt im Münchner Volkstheater zu einem Duell der Volksmusik. Das gemeinsame Adventssingen dieser *Second Help Show* ließ die Posaunen von Jericho „wie ein Frühlingslüftchen verpuffen“.

Und als die Biermösl Blosn ein traditionelles Lied über den Hiasl aufnahmen, einen bayerischen Wilderer, Anarchisten und Ur-Punk, der Mitte des 18. Jahrhunderts gevierteilt worden war, wurden sie von den Hosen unterstützt und sorgten so für einen härteren Sound des Albums *Wo samma*. Für Christoph Well von den Biermösl Blosn war der Hiasl „der gemeinsame Nenner – und der gemeinsame Feind des FC Bayern“.

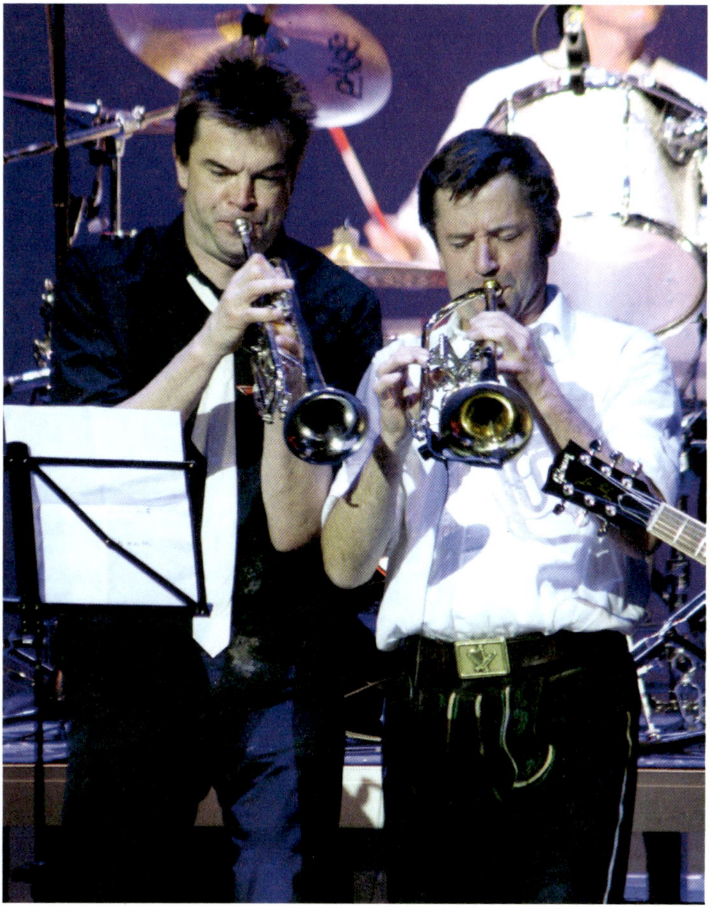

Ende 2005 trafen sich die Hosen, Gerhard Polt und die Biermösl Blosn erneut zum Adventssingen. Unter der Regie von Hanns Christian Müller führten sie in Theatern und Opernhäusern ein Kabarettprogramm auf. Und zwölf Jahre später feierten sie ihre (fast) 30-jährige Freundschaft in rundum ausverkauften Konzerthäusern und Kammerspielen. Ihr Duell der Volksmusik stand unter dem Motto *Im Auge des Trommelfells*.

Auswärtsspiele

Als deutschsprachige Band hat man im Ausland selten eine Chance. Die Toten Hosen sind aber in so vielen Ländern aufgetreten wie sonst nur die Scorpions.

Auf Einladung des Goethe-Instituts gaben Die Toten Hosen 1984 ein paar Konzerte in Frankreich. Die Minitournee stand jedoch unter keinem guten Stern. Erst steuerten sie die falsche Stadt an und fuhren nach Agens statt Argens oder Ajon (oder auch umgekehrt, denn alle drei Schreibweisen gibt es). Und dann brannte in Bordeaux auch noch die Vorgruppe mit Kuddels Effektgerät durch!

Einmal auf den Geschmack gekommen, düsten die Hosen zu Ostern nach Budapest, wo sie in der Marx-Károly-Universität ein klandestin angekündigtes Konzert gaben. Und auf Einladung der Jugendorganisation arci traten sie im September desselben Jahres bei einem Festival im Ex-Mattatoio in Rom auf. Dort kam es erstmals zu einer gewalttätigen Randale mit Skinheads, in deren Verlauf Campino versehentlich einem Ordner einen Mikroständer überzog, weil er ihn für einen Fascho gehalten hatte. Als wäre das nicht schon Unheil genug, wurden den Hosen auch noch ein Bass und eine Gitarre aus dem BMW geklaut, was Campino auf die Palme brachte: „Klauen ist ja eigentlich okay – aber doch nicht bei einer Punkgruppe!“

Eine englische Agentur vermittelte ihnen 1985 Auf-

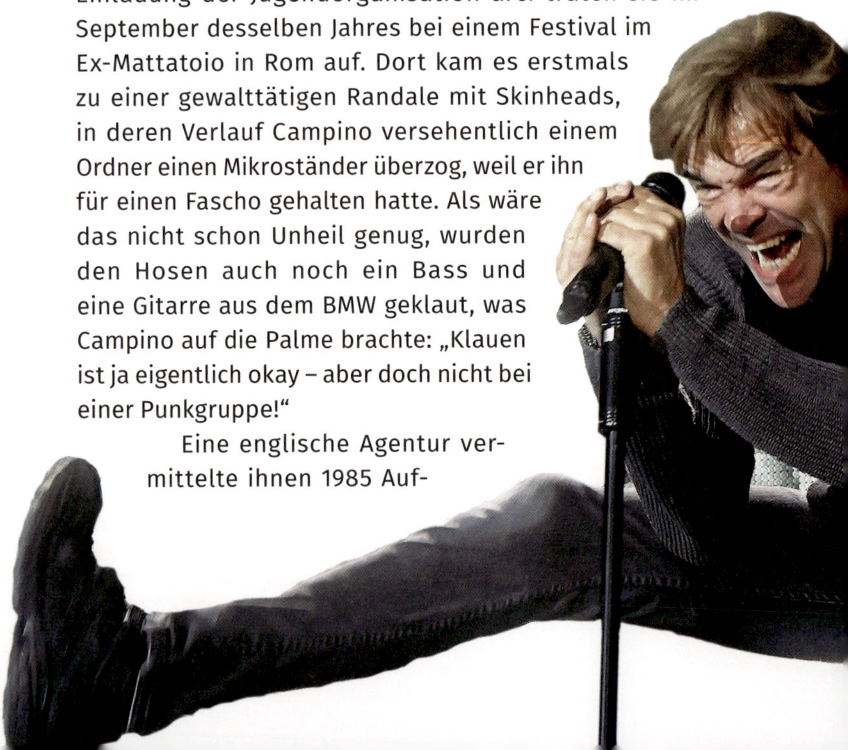

tritte in Ungarn, Polen, der CSSR und in Skandinavien. Um nicht beim Passieren der österreichisch-ungarischen Grenze aufzufallen und womöglich zurückgewiesen zu werden, färbten sie sich sogar – unnötigerweise – die Haare mausgrau.

Im tschechoslowakischen Pilsen traten sie auf einem Festival zugunsten des Olof-Palme-Marschs für ein atomwaffenfreies Europa auf. Sie wurden aber gewaltsam abgeschoben, weil sie zu heftig mit eigens angereisten DDR-Punks gefeiert hatten.

En misión del Señor – im Auftrag des Herrn – traten sie in Argentinien, Uruguay und Paraguay auf. Im Club Museum von Buenos Aires wurden sie wie immer von ihren Fans empfangen, die sich die Wartezeit bis zum Konzertbeginn mit dem Absingen eigener Lieder verkürzten. Als dann die Hosen endlich auf die Bühne kamen und loslegten, drückten die 3000 Konzertbesucher so massiv gegen die Absperrungen, dass die Bühne drei Meter weit nach hinten verschoben wurde, in sich zusammenbrach und die halbe Anlage in die Tiefe stürzte. Zum Glück kam dabei niemand zu Schaden, doch der Einsturz der Bühne kappte auch die Stromversorgung, sodass Breiti, der perfekt Spanisch spricht, die weiter hinten stehenden Fans mit einem altersschwachen Megafon über den Konzertabbruch informieren musste. Am Tag darauf konnte das Konzert jedoch nachgeholt werden.

Nachdem Rieke Lax bei ihrem 1000. Konzert gestorben war, sagte Campino sich immer wieder: „Wenn ein Jockey vom Pferd fällt, muss er direkt wieder darauf.“ Doch dieser Meinung mochten sich nicht alle anschließen. „Einige von uns hatten definitiv keine Lust mehr“, teilte er seinerzeit mit, vor allem nicht auf Stadionshows. Den Ausweg aus dieser verfahrenen

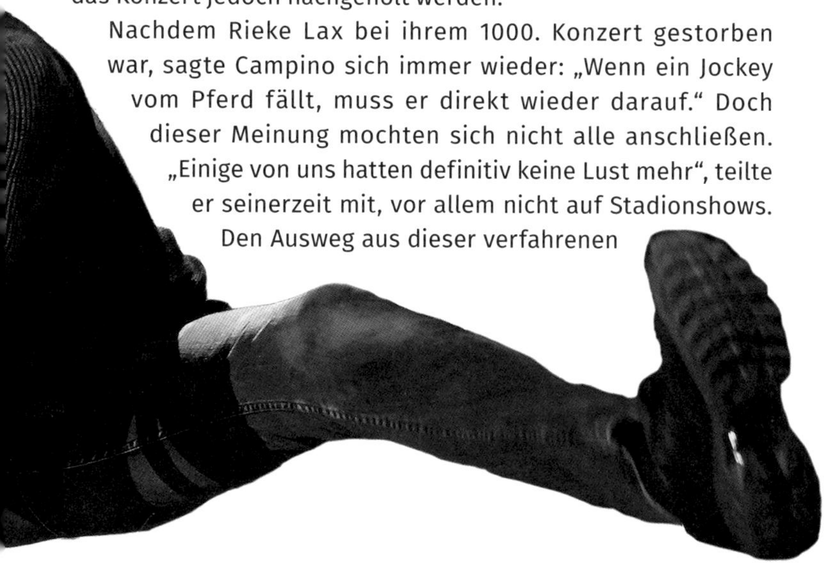

Situation wies ein Fax, das im Büro von Jochens kleiner Plattenfirma einging: Es enthielt ein Angebot an die Hosen, an der *Vans-Warped-Tour* durch Neuseeland, Australien, Japan und Hawaii teilzunehmen. Veranstaltet von einem Skateboardschuh-Hersteller, verband diese Tour Punk mit Extremsport und brachte bekannte wie unbekannte Bands und Skateboarder sowie BMX-Fahrer zusammen. Weit weg vom Unglücksort wieder aufzutreten und langsam wieder „Vertrauen darin zu bekommen, dass Konzertabende wild sein können, ohne dass etwas Schlimmes passiert", das war für die Hosen laut Andi „ein Befreiungsschlag".

Im Januar 1998 trafen sie zur Tour mit Pennywise und den Mighty Mighty Bosstones in Neuseeland ein – und mussten erst einmal im Schlafsack auf einem Schafsfeld übernachten, weil ihnen keiner gesagt hatte, dass sie ein Zelt mitbringen müssten. Hier, am anderen Ende der Welt, waren Die Toten Hosen so gut wie unbekannt, nur eine Band neben vielen anderen, und die meisten Konzerte fanden in Rugby- und Footballstadien oder auf Polofeldern statt. Die Kuolouloa Ranch in Waimanalo auf Hawaii war auch so ein Polospielfeld.

Als sie dort von der Bühne aus den Kids beim Stagediving zusahen, lief bei ihnen natürlich „der Rheinstadion-Film" im Kopf ab, doch das half ihnen auch, ihr Trauma zu überwinden, um wieder unbefangen auftreten zu können.

Solche Trips in andere Länder hatte Breiti bereits 1996 mit Drogenreisen ins Innere verglichen: „Du bist ein anderer, wenn du von dort zurückkommst." Kein Wunder, dass sie in ihrer 40-jährigen Karriere so fleißig „Länderpunkte" sammelten und nicht nur in England, Österreich und der Schweiz, Italien und Spanien, Finnland, Polen und Jugoslawien, sondern auch in Chile, Peru, Nicaragua, Mexiko und Kuba, Israel, Jordanien und der Türkei, Kanada und den USA, Usbekistan, Tadschikistan und Myanmar, Moskau, Peking und Hongkong auftraten.

Zu Beginn ihrer Karriere hatten die Hosen sich auch jedes Jahr in ein Trainingslager begeben. Von Breiti, Kuddel und Wölli wurde „gegen teilweise erbitterte Widerstände" (Campino) erwartet, dass sie am gemeinsamen Skiurlaub am österreichischen Wolfgangsee teilnahmen, wobei der gebürtige Kieler Wölli sich bereits nach der ersten Abfahrt vom Idiotenhügel auf einer Hütte Mut antrank und sich später von einer Schneeraupe zurück ins Tal bringen ließ. Allein Kuddels Antrag, nicht daran teilnehmen zu müssen, wurde schließlich stattgegeben, weil das Risiko, dass er sich die Hand brach und nicht mehr Gitarre spielen konnte, sehr groß war, da die Hosen morgens nicht gerade nüchtern am Lift eintrafen. Das hielt sie allerdings nicht davon ab, im März 2000 auf eine Vier-Tage-vier-Länder-Tour zu gehen, die sie nach Kleinweiler-Hofen (Deutschland), Ischgl (Österreich), Davos (Schweiz) und Vals (Italien) führte.

Zehn Jahre zuvor hatten sie eine Fahrradtour durch die fünf neuen Bundesländer unternommen, in deren Verlauf sie auch spontan in Halle, Dresden und Ostberlin auftraten. Meistens dienten die gemeinsamen Reisen jedoch dem Zweck, Abstand vom Business zu gewinnen und wieder zueinander zu finden.

Peter Stahlhofen, der auf den Tourneen für das Merchandising zuständig war und die Electro-Band Mouse on Mars managte, lag den Hosen jahrelang damit in den Ohren, wie toll Indien sei, hatte aber immer nur die Antwort erhalten: „Lass uns mit deiner Hippiekacke in Ruhe." Umso erstaunter war er, als er zu Beginn des dritten Jahrtausends nicht nur eine Indienreise für sie organisieren, sondern sie auch dabei begleiten sollte. Nach ihrer Ankunft in Bombay liehen sich Die Toten Hosen Motorräder und machten – „auf der Suche nach dem Kamasutra" – damit eine Rundreise, in deren Verlauf sie in einem tibetischen Kloster wohnten, im Dschungel übernachteten oder in Benares bei Sonnenaufgang über den Ganges ruderten, in dem zahlreiche Leichen schwammen, weil Benares für die Hindu ein heiliger Ort ist, an dem jeder, der dort stirbt oder verbrannt wird, „das Rad des Lebens direkt überwinden" kann und „nicht mehr in den Kreislauf der Wiedergeburt eintreten" muss. Fünf Wochen lang sprachen die Hosen „kein Wort über Musik", dann flogen sie zurück nach Deutschland, um das Album *Unsterblich* aufzunehmen.

En Misión del Señor

Argentinien ist für Die Toten Hosen ein zweites Zuhause.

Auf Einladung der Ramones flogen Die Toten Hosen 1996 zu deren Abschiedskonzert in Buenos Aires, im Estadio Monumental Antonio Vespucio Liberti, kurz El Monumental oder auch River Plate genannt, wo eine Armee von Leuten mit schwarzen Haaren, in schwarzen Hosen und schwarzen T-Shirts sie erwartete. Für Gerd Knüttel, ihren damaligen Live-Sound-Mixer, der bereits mit den Scorpions um die halbe Welt gereist war, wurde es „das aufregendste Konzert" seines Lebens, und auch Andi war begeistert: „Wenn 50.000 Argentinier durchdrehen, ist das einfach ein Erlebnis."

Bei Punkkonzerten war es in den 1970er Jahren üblich gewesen, auf die Bühne zu spucken, das galt als Zeichen der Anerkennung. In Argentinien wurde diese Tradition nicht nur gepflegt, dort ist es sogar „ein Volkssport", wie Chaos, der Reiseleiter der Hosen, glaubte: „Ich würde mich bei einem Konzert in Südamerika nicht in die erste Reihe stellen. Da wird man derart vollgerotzt, dass man denken könnte, der Argentinier an sich ist ein Lama." Die Ramones fanden das offenbar ebenfalls nicht besonders lustig. Unter der Bühne hatten sie deshalb Ventilatoren angebracht. Andi: „Wenn du gespuckt hast, hast du die Spucke direkt wieder in die Fresse bekommen."

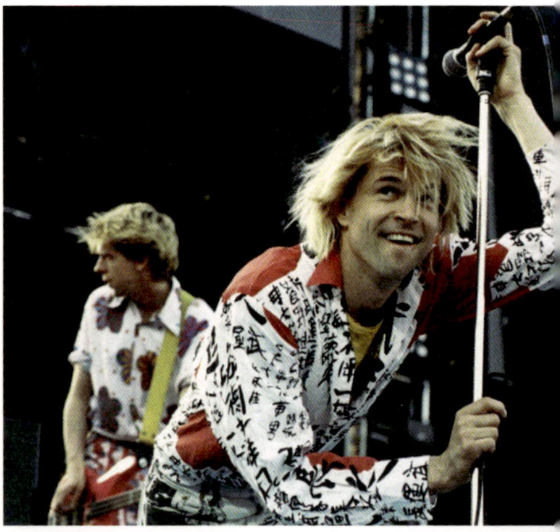

Bevor es zu weiteren Konzerten nach Chile und Paraguay ging, wo sie in Asunción bei 35 bis 40 Grad in einer Wellblechhalle spielten, gaben die Hosen im Anschluss an das letzte Konzert der Ramones noch zwei Club-Gigs in Buenos Aires; im Dr. Jekyll & Mr. Hyde stieg sogar der Altmeister des Punkrock, Iggy Pop, den die Ramones ebenfalls eingeladen hatten, zu ihnen auf die Bühne und sang mit Campino im Duett den alten Troggs-Hit „Wild Thing".

Um „mit sieben Auftritten der härteren Sorte", so Campino, ihre „Kondition und Tropentauglichkeit" zu testen, tourten sie im Jahr darauf *En Misión del Señor* erneut durch Südamerika. Gleich beim ersten Konzert kam es zu Tumulten rund um die La-Rosa-Halle in einem Vorort von Buenos Aires. Während 7000 Fans den Saal belagerten, verwehrten 100 Polizisten und ein Anwalt der Anwohner, die vor Gericht ein Auftrittsverbot wegen Gefährdung der öffentlichen Ordnung erwirkt hatten, den Hosen den Einlass, ließen sich dann aber doch vom Veranstalter mit 5000 Dollar bestechen. Mithilfe von Wasserwerfern versuchte die Polizei anschließend, 3000 Hosen-Fans in die Flucht zu schlagen, die keine Eintrittskarten hatten ergattern können.

Von Buenos Aires reisten sie über Rosario nach Lima, wo die Hosen mit ihrer Cover-Version von „Guantanamera" sogar in den Charts notiert wurden. Allerdings wurde in der Andenrepublik auch ihre mangelhafte Aussprache kritisiert. Dabei sangen sie gar nicht „Guantanamera", sondern „cunt in a mirror" ...

In Argentinien wurden die Hosen aber auch in den Jahren darauf gefeiert, weil sie eine (Fußball-)Stadion-Band sind, die auch an einer Straßenecke im Stadtteil San Telmo auftrat oder eine Bruchbude aufmischte, in die gerade mal 200 Zuschauer passten. Ihre körperliche Präsenz kam bei den leidenschaftlichen Argentiniern so gut an, dass sie 2009 eine Version ihres Albums *In aller Stille* dort unter dem Titel *La Hermandad – En El Principio Fue El Ruido* veröffentlichten und im Gegenzug 2012 im Estadio Cubierto Malvinas, der Sporthalle der Argentinos Juniors, zu Ehrenbürgern der Stadt Buenos Aires ernannt wurden.

Kir Royal, Folge 7

Dem *Spiegel* zufolge war der Frühstückstisch liebevoll gedeckt, nachdem Die Toten Hosen im Rahmen ihrer *Magical Mystery Tour* auch im Haus des niedersächsischen Ministerpräsidenten aufgetreten waren.

Zwischen ihren regulären Tourneen geben Die Toten Hosen auch sporadisch Wohnzimmerkonzerte, zu denen sie schon mal einen Lichtdesigner mitnehmen, dessen einzige Aufgabe darin besteht, die Lampe in der guten Stube ein- und auszuschalten. Bewerben kann sich jeder, der einen guten Grund nennt, warum Deutschlands Punkrock-Band Nummer 1 ausgerechnet in seinem Wohnzimmer spielen soll. Die Auswahl trifft die Gruppe völlig willkürlich. Wer sie einlädt, muss allerdings auch was riskieren. So wie die Pädagogikstudentin Claudia B., deren 40 Quadratmeter großes Apartment in der Düsseldorfer Kronenstraße nach einem Hosen-Gig im Juli 1993 nach Bier und Schweiß und Zigaretten stank. Der Fußboden im Flur und im Treppenhaus – eine riesige Lache. Die Möbel – von einer ekstatisch Pogo tanzenden Horde verrückt und ramponiert. Und in dem wilden Getümmel, das zwei Stunden lang in der kleinen Parterrewohnung tobte, hatte sie auch noch ihre Kontaktlinsen verloren ...

Oder wie die Internatsschülerin Bernadette S., die die Düsseldorfer Punks nach Altötting ins Kloster der Englischen Fräulein einlud. Im Klassenzimmer der 8a, neugierig beäugt von den Nonnen, sangen sie da: „Hey, hallo, es wird nie mehr so wie früher – ohne Tripper, ohne Aids, ohne Syph und ohne Gummiüberzieher." Sogar der Rektor Wilfried Rahe konnte „aus etwas Entfernung" dem dröhnenden Punkrock etwas abgewinnen, und Campino war anschließend um eine Erfahrung reicher: „Ich hätte nie gedacht, dass katholische Hardliner dermaßen tolerant sind." Dass die Schwester Oberin Tharista Weinberger hinterher mit ihm sogar ein Bier trank, war für ihn „ein echter Bringer".

Am Tag darauf litten die Hosen Höllenqualen. Auf dem Fußmarsch zum 1800 Meter hoch gelegenen Habsburg-Haus auf der Raxalpe bei Wien gerieten sie in einen Hagelschauer. Zweieinhalb Stunden dauerte der Aufstieg, und Schlagzeuger Wölli klagte noch Tage später über die taubeneigroßen Hagelkörner – und über Muskelkater.

In Hannover hatte ein stadtbekannter Berufspunk das Konzert seiner Ex-Freundin zur Hochzeit geschenkt. Doch Claudia H. und ihr Bräutigam Andreas T. waren zunächst einmal geschockt. Die arglose Arzthelferin und der überrumpelte Elektrotechniker wollten ganz normal im Edelbistro Nowak poltern, doch daraus wurde nichts. Auf der improvisierten Bühne provozierte Campino die anfangs etwas steife Hochzeitsgesellschaft: „Zieht euch aus, und ihr seid garantiert in der Zeitung!" Als dann auch noch die Polizei erschien, bei der dreißig Klagen wegen Ruhestörung aufgelaufen waren, und Campino sie anpöbelte – „Ich wollte früher auch immer Bullenschwein werden" –, fiel dem Bräutigam die Kinnlade runter. Doch auch dieses Mal zogen die Bullen wieder ab, eher amüsiert als beleidigt. Wer legt sich schon mit einer Band an, die gerade auf Platz 1 der Hitparade steht?

Zum Abschluss ihrer *Magical Mystery Tour* traten die Hosen in der Fünften Psychiatrischen Abteilung des Allgemeinen Krankenhauses Hamburg-Ochsenzoll auf. Als der mit lila Totenköpfen verzierte Tourbus vor der Abteilung 19b hielt, wurden sie von „Schizo-Thorsten" und „Manic Mike", die von der Aktion im Radio gehört hatten, begeistert empfangen: „Habt ihr Bier mitgebracht? Wir könnten euch dafür super Pillen geben."

Als sie mit ihrem Konzert anfingen, saßen die meisten Patienten allerdings apathisch auf dem Boden. Skeptisch guckten sie zu, wie die Gitarristen Breiti und Kuddel in die Saiten griffen, Andi den Bass zupfte, Wölli auf die Felle haute und Campino sich die Seele aus dem Leib schrie – als würde sie das alles nicht interessieren. Nur durch eine weiße Linie auf dem Boden waren sie von der Band getrennt, doch die Barriere schien unüberwindbar. Bis Campino den Raum verließ und auf dem Flur den Song weitersang, den sie für *Clockwork Orange* geschrieben hatten: „Hey, hey, hey, hier kommt Alex." Einen Moment lang waren da all die Psychosen und Neurosen vergessen, überwanden Punks und Patienten gemeinsam ihre Berührungsängste. Der Oberarzt Birger Dulz sah gerade darin einen nicht zu unterschätzenden therapeutischen Effekt: „Wenn wir alle Einflüsse fernhalten, führt das nur zur Hospitalisierung. Wir wollen aber dazu beitragen, dass unsere Patienten draußen leben können, dass sie ihre Interessen vertreten und sinnvoll handeln." Solch ein Konzert, das von den Patienten selbst organisiert wurde, gebe jedenfalls Anlass zur Hoffnung, dass die Patienten ihre Beziehungsängste punktuell oder zeitweise überwinden könnten.

Ihr spektakulärstes Wohnzimmerkonzert fand wohl 1987 im niedersächsischen Beinhorn statt, wohin sie ein gewisser Barthold Albrecht eingeladen hatte, ein Sohn des niedersächsischen Ministerpräsidenten Ernst Albrecht. Bei einem Konzert in der hannoverschen Rotation hatte der Bruder der EU-Kommissionspräsidentin Ursula von der Leyen sich als Hosen-Fan geoutet und war von Campino getröstet worden: „Mein Alter ist auch in der CDU."

So eine Gelegenheit konnten sie sich natürlich unmöglich entgehen lassen. Wo sonst der „Strahlemann" Ernst Albrecht und der CDU-Landeschef Wilfried Hasselmann bei Grünkohl mit Pinkel die Landespolitik festklopften, schäumte schon bald Bier durch den Raum und der teure Parkettfußboden wurde mit ausgetretenen Zigarettenkippen verziert. Unbehelligt von den zahlreich postierten Sicherheitsbeamten, die das Anwesen in eine Festung verwandelt hatten, pinkelten Punks in die Blumenbeete der Landesmutter Heidi Adele, und der Hosen-Roadie Faust verspeiste das kalte Buffet fast im Alleingang, obwohl ihm die Lachsschnittchen, die er für Schinkenbrote hielt, zu sehr nach Fisch schmeckten. Erst als ihr Schlagzeuger Wölli ausrastete und mit dem Ruf „Ich kann keine Bullen sehen!" einen Beamten in Zivil mit einem Wandteller bewarf, den die Albrechts zur Silberhochzeit bekommen hatten, dräute dem Gastgeber, dass Gefahr in Verzug war. Großzügig bot er den Hosen 500 D-Mark an, damit sie in einem Hotel und nicht in den Betten nächtigten, „in die auch schon Hans-Dietrich Genscher und Gattin gepupst hatten“ (Campino). Doch die Hosen hatten sich längst mit Barthold Albrechts kleinem Bruder Donatus angefreundet, der für sie den elterlichen Weinkeller plünderte. Am nächsten Morgen wurden sie von einem „feuerroten Gesicht in moosgrüner Jägerkluft“, dem Landesvater persönlich, geweckt: „Raus, jetzt reicht's, alle raus hier!“ Bevor es aber am „liebevoll gedeckten Frühstückstisch“, so der *Spiegel*, zu einer Prügelei kam, trat der von einer eben erst beendeten Sudanreise wohl noch etwas geschwächte Landesvater unverrichteter Dinge wieder den Rückzug an. Kommentar von Barthold Albrecht: „Das war wie Kir Royal, Folge 7. Da hätte nur noch gefehlt, dass sich einer an den Kronleuchter hängt. Punk hatte wieder seine Legitimation.“

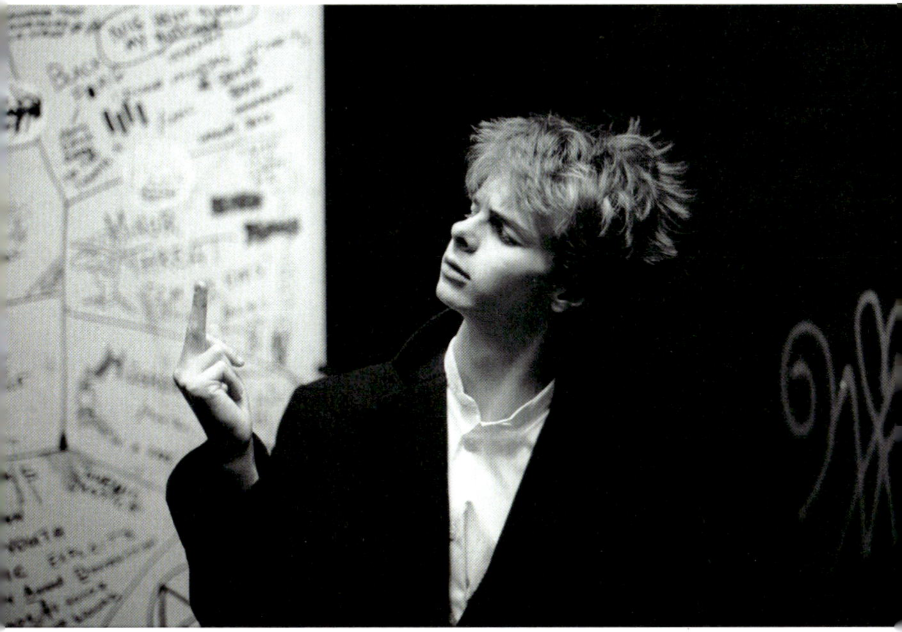

Gastgeber Barthold Albrecht

Tanz den Reinhold Messner

Wenn Campino in Stimmung ist, klettert er live aufs Bühnendach und turnt auf Lichttraversen herum.

Als die Hosen im Juli 1990 beim New-Music-Seminar im New Yorker Limelight auftraten, ließ er es sich nicht nehmen, so die *BRAVO*, „in einer echten bergsteigerischen Glanzleistung mit dem Mikro zwischen den Zähnen die Predigerkanzel der ehemaligen Kirche, in die das Limelight eingebaut ist, von außen zu erklimmen". Beim Stones-Konzert im Müngersdorfer Stadion war er zuvor auf ein 50 Meter hohes Bühnengestänge geklettert, das über die Rampe hinausreichte, und in Roskilde hatte er sich 1987 nicht an die Anweisung gehalten, höchstens drei Meter hochzukraxeln,

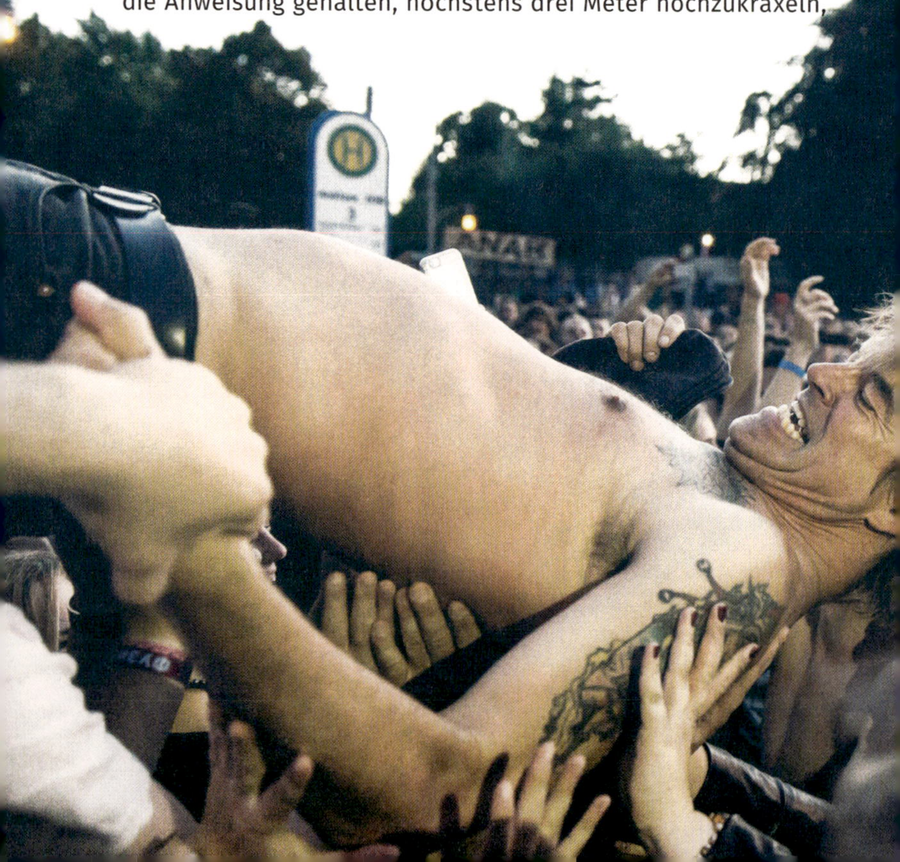

sondern war, verfolgt von einem Roadie, der schließlich entnervt aufgab, auf die Zweittraverse gesprungen, sodass er die Konstruktion ganz schön ins Wanken brachte.

Auch später benahm sich Campino immer mal wieder „wie ein kleines Kind auf dem Spielplatz“, so der Lichtdesigner Tom Nulty. Bei einem Open-Air-Gig in der Züricher Altstadt im September 1992 brachte er sich in akute Lebensgefahr, als er auf einen acht Meter hohen Lautsprecherturm kletterte, der plötzlich bedrohlich schwankte. „In höchster Not“, berichtete die *BRAVO*, „hangelte er sich auf einen Fenstersims im dritten Stock eines bühnennahen Gebäudes“ und rettete sich mit einem Sprung durch eine Glasscheibe. „Seine Schnittwunden an Armen und Beinen mussten im Krankenhaus genäht werden.“

Keine Berührungsängste hatten die Hosen, als ihnen die Gruppe U2 im selben Jahr ein Angebot machte, „das wir nicht abschlagen konnten“. Für Gagen im sechsstelligen Bereich traten sie als sogenannter Support Act, also als Vorgruppe, in deut-

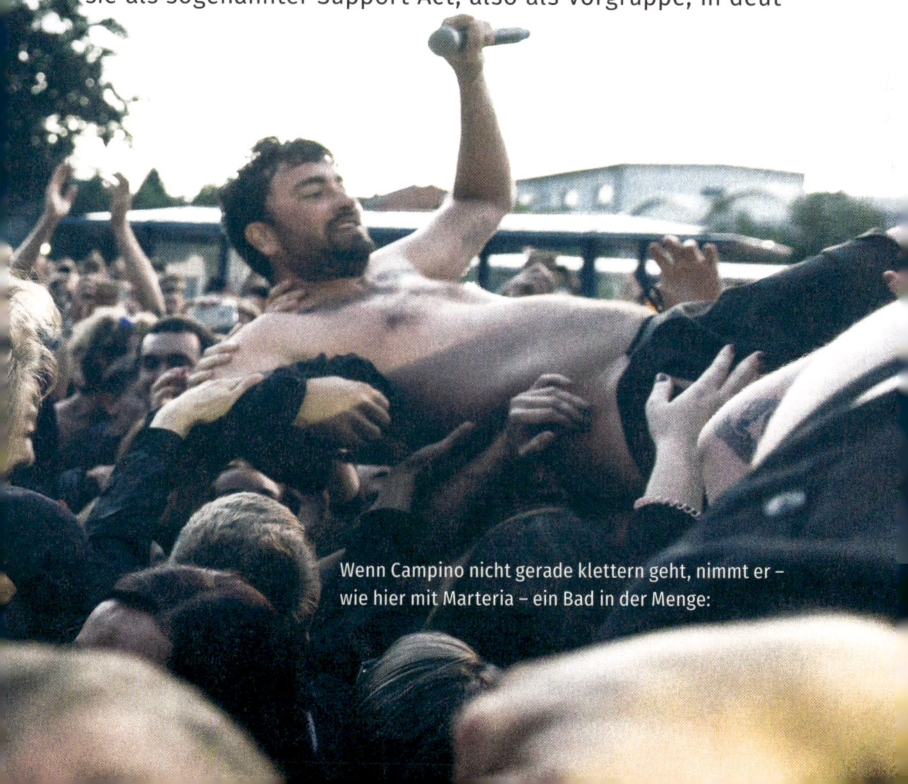

Wenn Campino nicht gerade klettern geht, nimmt er – wie hier mit Marteria – ein Bad in der Menge:

schen Stadien mit U2 auf, ohne sich allzu großen Illusionen hinzugeben. „Wir sind halt nur das Vorprogramm", meinte Campino. „Es gibt kein Licht für uns, und wir dürfen nur einen kleinen Teil der Bühne benutzen. Gehe ich nur einen Schritt weiter, zum Beispiel ein Stück auf den Catwalk raus, wird das als klare Provokation empfunden." Was ihn jedoch nicht davon abhielt, wieder klettern zu gehen. Als ihn ein U2-Roadie daran hindern wollte, fehlte nicht viel und die beiden hätten sich auf offener Bühne geprügelt.

Beim Auftritt in Havanna kletterte er auf eine Straßenlaterne, die aber einknickte und sich mit ihm langsam, aber sicher zu Boden senkte. Im Club Museum in Buenos Aires ließ er sich zum Stagediving aus acht Meter Höhe auf die Fans fallen – der spektakuläre Fall ist auf der DVD *En Misión del Señor* zu sehen. Und 1996 kletterte er im Fußballstadion der River Plates in Buenos Aires gar über einen Lichtmast bis auf das Dach des Stadions und brannte dort ein bengalisches Feuer ab.

Als die Hosen im Jahr darauf im Club Sargento Pimienta in Lima spielten und Campino sich bei seiner mittlerweile schon obligatorischen Klettertour versehentlich an einer Stromleitung festhielt, wurde er vom Bühnendach gefegt, überstand den Sturz jedoch ohne große Blessuren.

„Wenn ich auf eine Bühne gehe und live spiele", erklärte er später, „schalte ich meinen Kopf aus. Woher ich komme und wohin ich gehe, interessiert mich in dem Moment gar nicht." Früher sei er zwar risikobereiter gewesen und habe oft auch mal einen Salto ins Publikum gewagt, das Unglückskonzert im Rheinstadion sei jedoch ein Einschnitt gewesen, und seitdem überlege er sich sehr viel genauer, was er mache. „Wenn man will, kann man mir also höchstens einen Vorwurf machen: dass ich mittlerweile eine Vernunftsperre im Kopf habe." Sollte er eines Tages mal auf dem Dach ausrutschen und abstürzen, sei die Diskussion ohnehin vorbei.

Doch dazu kam es nicht: Nach der Geburt seines Sohnes hörte er auf, in den Kulissen herumzuklettern.

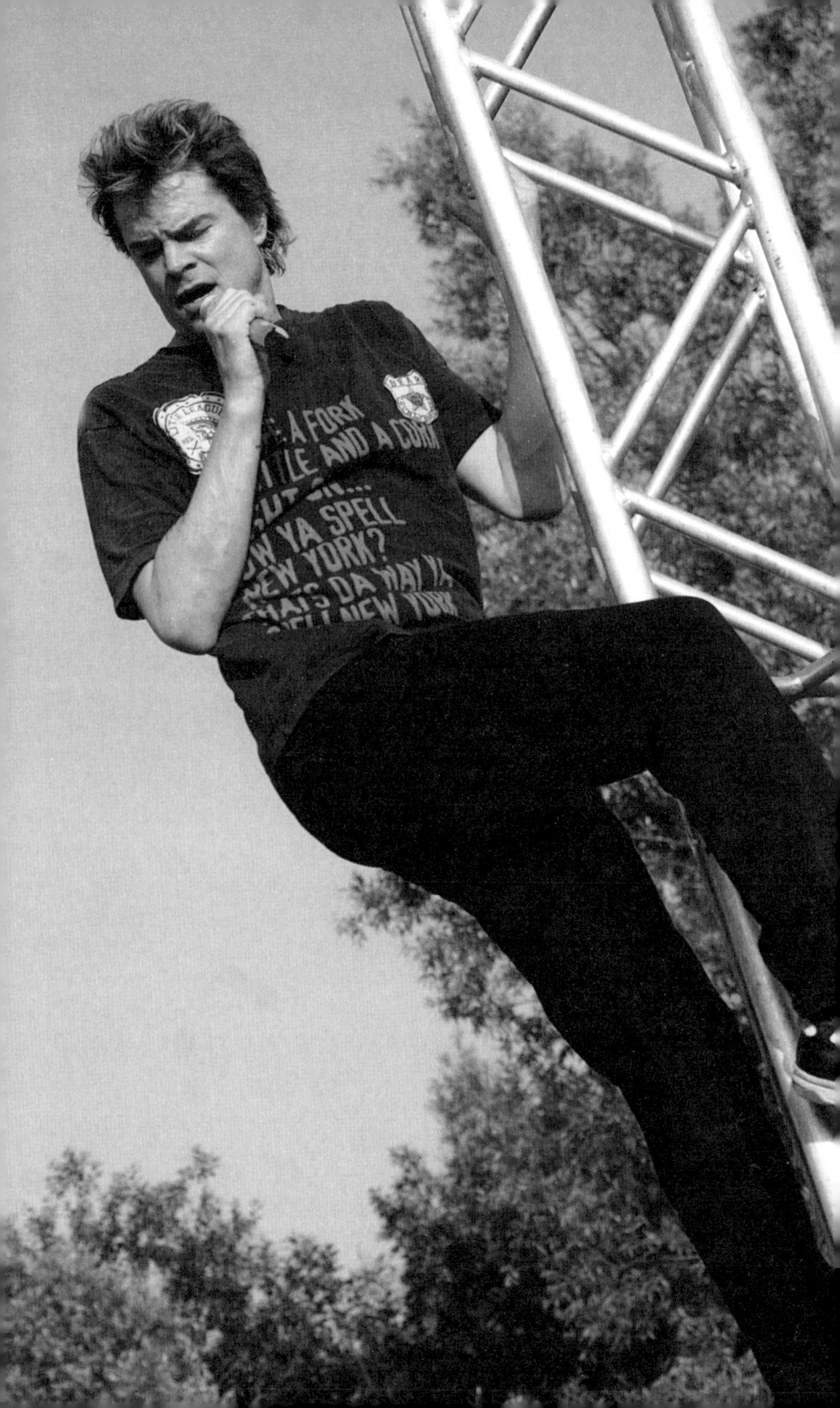
YA SPELL
NEW YORK?

Unplugged und nackt

Das größte Problem bei den Aufnahmen ihres Unplugged-Albums bestand für die Hosen darin, still zu sitzen.

Im *Playboy* hatte Campino 1996 noch geunkt, dass sie „mit 45 irgendwo auf Barhockern sitzen und mit akustischen Gitarren politisch korrekte Lieder singen“ würden. Nicht mal zehn Jahre später war es so weit.

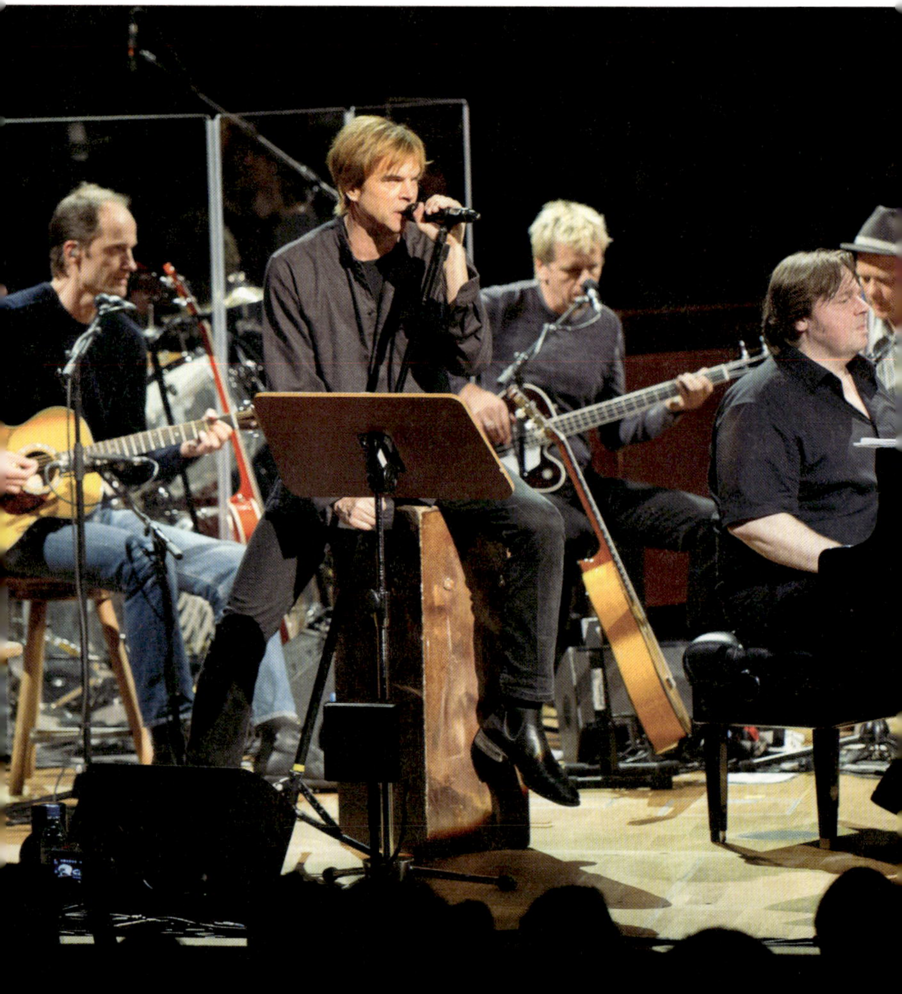

Im September 2005 wurde ihnen die Ehre zuteil, im Wiener Burgtheater, das auf eine 50-jährige Tradition zurückblicken konnte, die Jubiläumssaison mit einem Unplugged-Konzert zu eröffnen, das der Musikkanal MTV aufzeichnete und ausstrahlte. Für solch einen stromlosen Auftritt waren ihrer Meinung nach nur drei Orte infrage gekommen: ein Gefängnis, ein Irrenhaus oder eben das Burgtheater, von dem Spötter behaupten, es sei beides zugleich.

Unterstützt wurden die Hosen bei ihrem Unplugged-Auftritt vom Cellisten Raphael Zweifel, der Pianistin und Akkordeonistin Esther Kim und dem Produzenten und Arrangeur Hans Steingen.

Und ihr Repertoire bestand aus alten Hits wie „Eisgekühlter Bommerlunder", den sie, so die *Rheinische Post*, „in einer lässigen Barversion" brachten, aber auch aus bis dato unveröffentlichten Songs wie „Der Bofrost-Mann" oder „Weltmeister", einer eher mittelmäßigen Fußballhymne, die sie zum Anlass nahmen, wieder einmal über Herbert Grönemeyer zu lästern, mit dem sie sich eigentlich gut verstanden, seit er ihnen in Wackersdorf ein Piece Shit, das ihm von einem Fan zugesteckt worden war, überlassen hatte, weil er selbst nicht kiffte: „Was ist bloß schiefgelaufen, dass so viele Menschen Musik von Grönemeyer kaufen?"

Silvia Stantejsky, die Geschäftsführerin des Burgtheaters, erhoffte sich von ihrem Auftritt, dass er vor allem jüngeren Zuschauern die Angst vor dem Plüsch und dem Kristallglas nehmen werde. Für die Musiker war es eine Herausforderung, weil sie ihre Songs anders singen und arrangieren mussten, vor allem aber, weil sie sich nicht wie sonst auf der Bühne bewegen durften, sondern stillsitzen mussten. Das Sitzen auf dem Hocker war vor allem für Campino, der bei Songs wie „Mehr davon" oder „All die ganzen Jahre" immer gern Emporen, Balkone oder Dächer erklomm oder mit einem Bein und dem Kopf nach unten in einer Lichttraverse hing, das größte Problem. „Es gibt nichts Schwierigeres, als einfach nur auf der Bühne präsent zu sein und nichts zu machen", gestand er im *Rolling Stone*. „Da fühlt man sich so nackt."

Mitwirkende III

Für ihre Songs und Plattenaufnahmen versicherten sich die Hosen der Hilfe von Schriftstellern, Schauspielerinnen und sogar Rappern.

MARINA CASARIEGO

Das einzige Hosen-Stück, das in französischer Sprache vorliegt, war eine Zusammenarbeit mit der in Frankreich damals populären Sängerin Marina Casariego von der Gruppe Marousse. Wölli glaubte nicht, „dass Campi auch nur im Entferntesten wusste“, was der Text von „Tour pour sauver l'amour“ wirklich bedeutete.

Diese französische Version des Hosen-Songs „Alles aus Liebe“ war in einer Auflage von nur 500 Stück als Single erschienen und ein gescheiterter Versuch, auch den Markt in Frankreich zu erobern. Sie wurde ursprünglich produziert, damit Jochens frisch gegründete kleine Plattenfirma einen „Labelcode“ beantragen konnte, wofür man eine Veröffentlichung vorweisen musste. Anschließend verschwand fast die gesamte Auflage in den Untiefen des JKP-Archivs und gelangte nie in den Verkauf. Auf der Rückseite befand sich eine „French Karaoke“-Version. „Offiziell“ veröffentlicht wurde der Song erstmals im Oktober 1995 auf dem Sampler *Stop Chirac*.

FAB FIVE FREDDY

Die wohl weltweit erste Platte, die – noch vor Run DMC und Aerosmith – einen HipHop-Rhythmus mit einem harten Gitarrensound verband, verdankt ihre Produktion Trini Trimpops cineastischen Connections. Auf einem Filmfestival in Sevilla hatte er den Rapper Fab Five Freddy kennengelernt, der zuvor in Charlie Ahearns

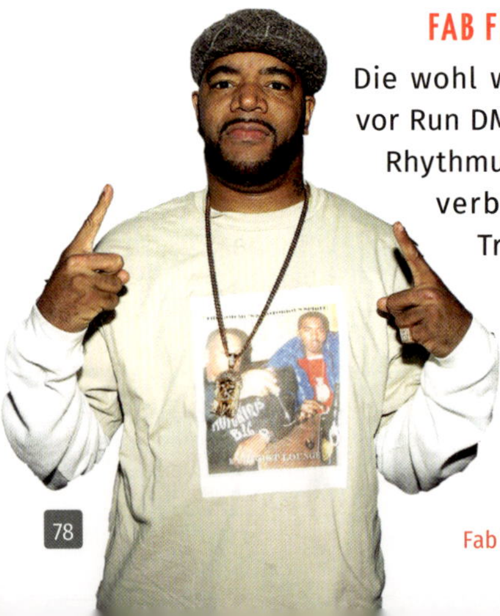

Fab Five Freddy

Doku-Spielfilm *Wild Style* mit von der Partie gewesen war, einem der ersten Filme über die New Yorker HipHop-Szene. Die Maxisingle erschien unter dem Projektnamen The Incredible TH Scratchers starring Freddy Love, machte es den Toten Hosen aber schwer, sich damit zu identifizieren. Selbstkritisch bemängelten sie, dass Kuddels weiße Rockgitarre und Freddys schwarzer Gesang nicht fusionierten, sondern mehr nebeneinander herliefen und die Platte eigentlich kein echtes Crossover war. Doch so schlecht war die erste Punk-meets-Rap-Nummer, mit der Die Toten Hosen Musikgeschichte schrieben, keineswegs: Fab Five Freddy sang sie mal in London, als ihn The Clash auf die Bühne holten, wie auch nach einem Konzert von Herbie Hancock in New York, und das dazugehörige, überaus amüsante Video zeigt die Hosen als Kannibalen, die sich im Breakdance üben. 1990 erschien ein „Tap-Into-America-Mix" davon auf dem Doppelalbum *Auf dem Kreuzzug ins Glück*.

TOM GERHARDT

Der „Rambo-Dance" auf *Kauf MICH*! beginnt mit einer gesprochenen Einleitung des Komikers Tom Gerhardt. Die Hosen revanchierten sich mit einem Gastauftritt in Gerhardts Film *Voll normaaal – Die Rache der Blöden*.

ULI HIEMER

Der Eishockey-Profi und Nationalspieler der Düsseldorfer EG half beim Chorgesang ihres ersten Nummer-1-Single-Hits „Zehn kleine Jägermeister" (auf dem Album *Opium fürs Volk*).

MARTERIA

Die Zusammenarbeit mit den Hosen verdankt der Rapper Materia den Söhnen des JKP-Geschäftsführers Patrick Orth. Die damals neun Jahre alten Drillinge liebten deutschen HipHop und waren große Fans von Materia, wes-

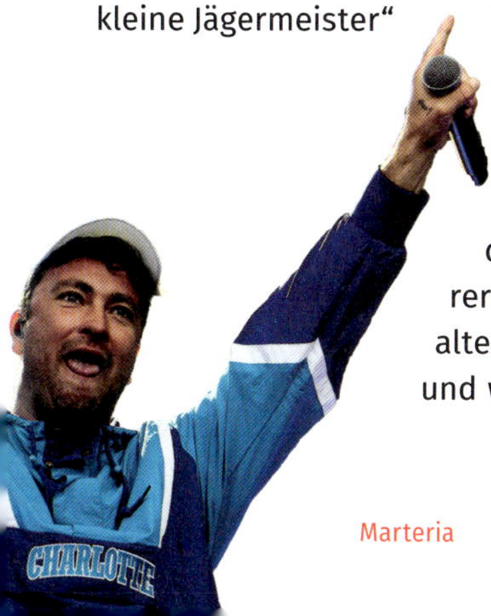

Marteria

halb Orth Campino vorschlug, doch einmal mit ihm Kontakt aufzunehmen, als er unter einer Schreibblockade litt. Der gebürtige Rostocker war einst von Horst Hrubesch in die deutsche U17-Nationalmannschaft berufen worden, dann aber lieber nach New York gegangen, wo er eine Modelkarriere einschlug, und schließlich nach Berlin, wo er Karriere als Rapper machte. Auf dem Flug zu einem Fußballspiel des FC Liverpool schrieben die beiden den Titelsong des Albums *Ballast der Republik* und davor und danach viele weitere Texte für die Alben *Laune der Natur* und *Alles ohne Strom*. So eng hatte Campino dem Hosen-Biografen Philipp Oehmcke zufolge noch niemanden beim Texten an sich rangelassen.

BIRGIT MINICHMAYR

Die Schauspielerin half Campino beim Texten von „Auflösen" (auf dem Album *In aller Stille*) und des Superhits „Tage wie diese" (auf dem Album *Ballast der Republik*).

HANNS CHRISTIAN MÜLLER

Für Campino ist *Kauf MICH!* „die zynischste Platte, die wir je gemacht haben". Aufgenommen von Februar bis April 1993 im Tonstudio Dierks in Stommeln, enthält dieses mitunter arg über den Kamm geschorene Konzeptalbum zwischen den Songs auch Werbespots für Erotim-Super-3-feucht-Kondome und die Homolka-Kettensäge, die von dem Regisseur Hanns Christian Müller stammen. Müller schrieb auch zusammen mit Campino u.a. den Text des Titelstücks und war an den Songs „Drunter, drauf & drüber" und „Sascha ... ein aufrechter Deutscher" beteiligt.

WALTER NOVEMBER

Walter, der der Urbesetzung ein Jahr lang angehörte, war ein klassischer Hardcore-Punk mit Hahnenkamm, nietenbesetzter

Lederjacke, sah super aus und sollte den Sid Vicious geben. Er war „der unmusikalischste Gitarrist", den Kuddel je gesehen hat, und nicht in der Lage, viermal hintereinander denselben Ton anzuschlagen, weshalb seine Gitarre bei Konzerten gar nicht erst eingestöpselt wurde. Dafür gab er allerdings auf der Bühne Gas wie kein anderer.

November, der zuvor bei Aram und den Schaffnern tätig gewesen war, nahm nach seinem Intermezzo bei den Hosen wieder seinen bürgerlichen Namen Hartung an und kehrte zurück in den Schoß seiner Familie, die den Zeugen Jehovas angehörte. Geläutert zerhackte er eines Tages all seine Punk-Platten und bot auf dem Jubiläumsplatz in Mettmann den *Wachtturm* an.

HANS PAETSCH

Auf ihrem zweiten Album *Unter falscher Flagge* erzählte ihr Lieblingsmärchensprecher Hans Paetsch von ihrer Suche nach der Schnapsinsel.

ROCKO SCHAMONI

Der Song „Schlampe (nachher)" auf dem Album *Auswärtsspiel* geht auf eine Textidee zurück, die fünf Jahre zuvor bei einem Frühstück mit Rocko Schamoni entstanden war. Campino fand sie in seinem Schreibtisch wieder, und Schamoni wird als Co-Autor genannt, weil zwei Zeilen von ihm stammen.

T.V. SMITH

Den Text zu „Call Of The Wild" auf *Unsterblich* schrieb Campino gemeinsam mit T.V. Smith, kurz bevor die beiden ein Konzert von Joe Strummer im Londoner Astoria Theatre besuchten. Bei den englischen Texten und beim Chorgesang von „Pushed Again" und „Revenge" (auf der Single „Pushed Again") sowie beim Song „How Do You Feel?" (auf dem Album *Zurück zum Glück*) wurden die Hosen vom ehemaligen Gitarristen der Adverts ebenfalls unterstützt.

FUNNY VAN DANNEN

Mit dem Liedermacher Funny van Dannen arbeiteten die Hosen erstmals bei der Produktion ihres Albums *Unsterblich* zusammen.

Darauf coverten sie nicht nur seinen Song „Lesbische, schwarze Behinderte", er schrieb auch zusammen mit Campino die Texte von „Schön sein", „Bayern", „Der Mond, der Kühlschrank und ich" und „Neandertaler".

In Zusammenarbeit mit ihm entstanden auch zahlreiche Songs wie „Kein Alkohol (ist auch keine Lösung)!" (auf dem Album *Auswärtsspiel*), „Walkampf" (auf dem Album *Zurück zum Glück*)

und „Politische Lieder" (auf dem Konzertalbum *Alles ohne Strom*).

„Frauen dieser Welt" stammt ebenfalls von Funny van Dannen. Nachdem die Hosen das Lied für ihr „Konzert nur für Frauen" eingeübt hatten, veröffentlichten sie es schließlich auch auf Platte, weil es beim Publikum und ihren Fans so gut angekommen war.

AREZU WEITHOLZ

Die Schriftstellerin (*Merry Fishmas*) schrieb zusammen mit Campino die Texte von „Ich bin die Sehnsucht in dir" (auf dem Album *Zurück zum Glück*) und „Ertrinken" (auf dem Album *In aller Stille*) und hatte zuvor bereits Texte von Herbert Grönemeyer lektoriert.

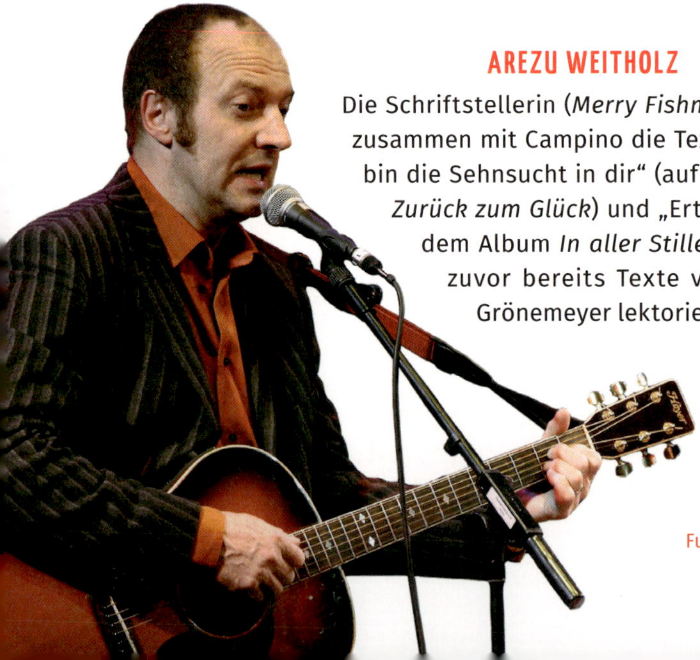

Funny van Dannen

Erotisches Knubbelchen

Von *Clockwork Orange* bis zur *Dreigroschenoper* – auch im Theater machten Campino und Die Toten Hosen eine gute Figur.

Von Mai bis Oktober 1988 standen die Hosen im Bonner Schauspielhaus auf der Bühne, wo sie die Musik zum Stück *Clockwork Orange* machten, das nach dem Roman von Anthony Burgess inszeniert wurde. Die in einer nahen Zukunft spielende Parabel erzählt die Geschichte des 15-jährigen Alex, der abends mit seinen Kumpels, den Droogs, loszieht, um Penner zu „klatschen" und harmlose Bürger zu terrorisieren. Von seinen Freunden verraten, landet der Beethoven-Fan Alex schließlich im Knast, wo er sich einer umstrittenen Resozialisierungstherapie als Versuchskaninchen zur Verfügung stellt, um früher freizukommen. Mit der „Ludovico-Therapie" will der von Burgess abstrakt gehaltene neue Innenminister in den Gefängnissen Platz für politische Gefangene schaffen; dabei werden Täter einer Gehirnwäsche ausgesetzt, die aus ihnen nach der Entlassung potenzielle Opfer macht. Alex wird „zum Guten getrieben, sobald ihn böse Absichten bewegen". Schon beim Gedanken an gewalttätige Aktionen wird ihm schlecht, sodass er Angriffen und Racheaktionen nunmehr hilflos ausgeliefert ist.

Der Ausflug ins Theaterfach bescherte den Hosen ausschließlich gute Kritiken, und *Die Zeit* lobte sie über den grünen Klee: „Musik, o meine Brüder und Schwestern, ist ja nicht nur der Liebe Nahrung, o nein, sie spricht auch von Gewalt. Jetzt also sind es ein paar spätgeborene Punks aus Düsseldorf, die den schönen

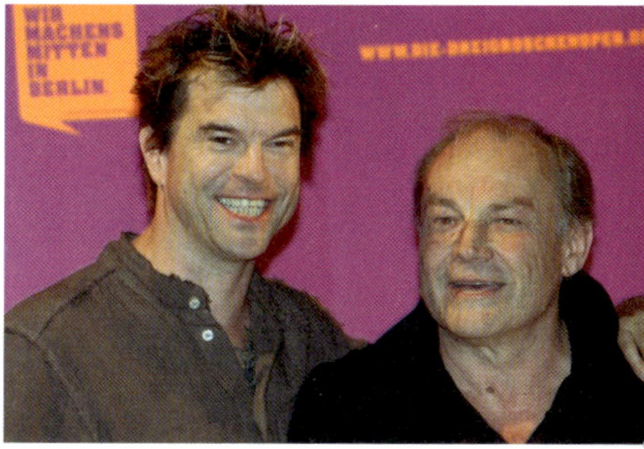

Campino und Klaus Maria Brandauer

Lärm veranstalten. Und ihre Musik schlägt zu, dass es eine Freude ist."

Eigens für das Theaterstück hatten die Hosen den Song „Hier kommt Alex" geschrieben, dessen Intro laut Campino „wie übelster DDR-Rock" klingt. Die Hosen wollten den Song anfangs gar nicht veröffentlichen, weil sie, so Kuddel, „die Nummer zu rockig fanden". Doch dann wurde er ihre erste Single, die sich in den Charts platzieren konnte. Und der Videokünstler Nam June Paik setzte „Alex" im Jahr 2000 sogar bei einer Installation im New Yorker Guggenheim Museum ein.

Es dauerte dann fast 20 Jahre, bis Campino erneut einen Ausflug ins Theater unternahm. Im Herbst 2006 machte er im neu eröffneten Berliner Admiralspalast „eine wichtige Lebenserfahrung", die ihn im Umgang mit Text und Wort „sehr viel weiter" brachte: Anlässlich des fünfzigsten Todestags von Bertolt Brecht spielte er in Klaus Maria Brandauers Inszenierung von Brechts Dreigroschenoper den Mackie Messer.

Campino war Brandauers Wunschkandidat für die Hauptrolle gewesen. „Es gibt den Mackie Messer nicht", hatte Brandauer ihn beschworen, „Du bist es, du hauchst ihm das Leben ein." In einem Interview mit der *Bild* nannte Brandauer Campino ein „erotisches Knubbelchen", und auch die *Süddeutsche Zeitung* fand ihn in einem Vorbericht „schlicht zum Verlieben".

Der so Umgarnte hielt den Ball aber weiterhin flach. „Ich kann sowieso niemandem das Wasser reichen", stapelte er tief, „sondern nur mein Bestes versuchen." Campino präsentierte den Macheath als bürgerlichen Banditen mit Seitenscheitel, Dreiteiler und weißen Handschuhen, sang selbst komplexere Tonfolgen sehr souverän und hielt, so der Schauspieler Gottfried John, „wie ein Bandleader alle zusammen".

An eine Fortführung seiner Theaterkarriere mochte Campino nach der letzten Aufführung allerdings nicht denken. Er sei „nicht scharf drauf", sich um jeden Preis „in der Welt des Theaters breitzumachen", bekannte er offen. „Ich bin glücklich, als Tote Hose durchs Leben zu gehen und nicht als Schauspieler."

Campino als Mackie Messer
in Brechts Dreigroschenoper

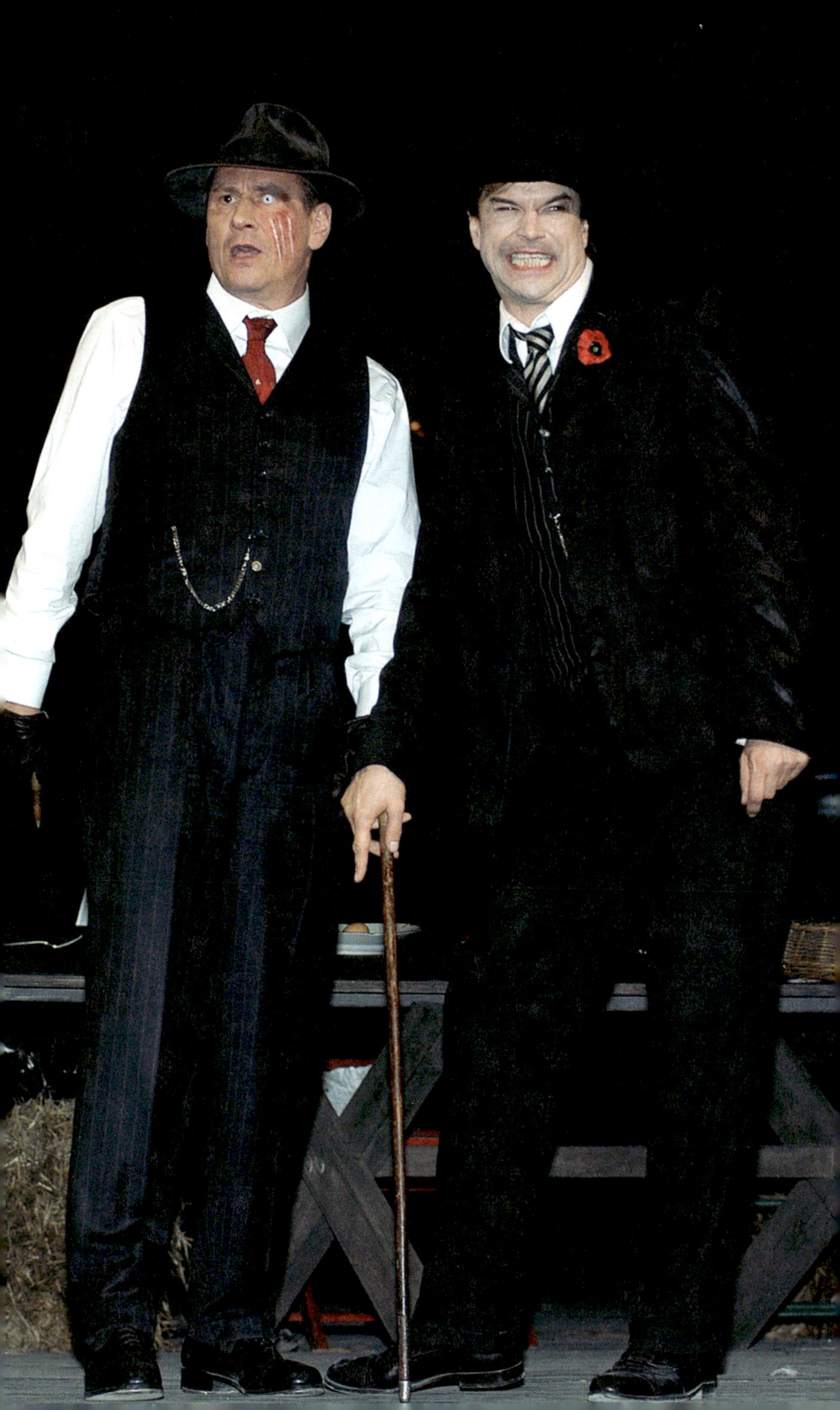

No future? Nein danke!

Wenn Die Toten Hosen sich politisch engagierten, war das Linken oft nicht radikal genug.

Auf dem *Anti-WAAhnsinns-Festival* gegen den Bau der Wiederaufbereitungsanlage atomarer Brennstäbe in Wackersdorf sangen die Hosen zum Abschluss gemeinsam mit Herbert Grönemeyer und den Rodgau Monotones einen altbekannten Schlager, von dem sich so mancher Atomkraftgegner veräppelt fühlte: „Am 30. Mai ist der Weltuntergang – wir leben nicht mehr lang."

Dass sie den Kampf gegen Atomenergie durchaus ernst nahmen, zeigten sie in den Jahren darauf aber ein ums andere Mal. Für den Sampler *Stop Chirac*, dessen Einnahmen dem Widerstand gegen die französischen Atombombentests im Mururoa-Atoll zugutekamen, steuerten sie ihre französische Version von „Alles aus Liebe" bei. Und an einer Bahnstrecke bei Ahaus gaben sie ein

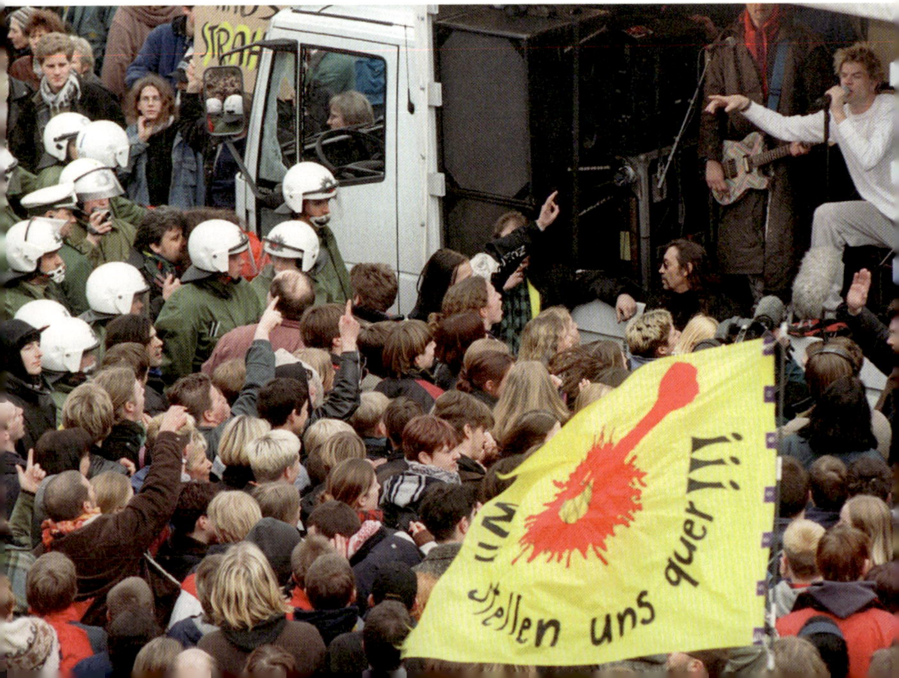

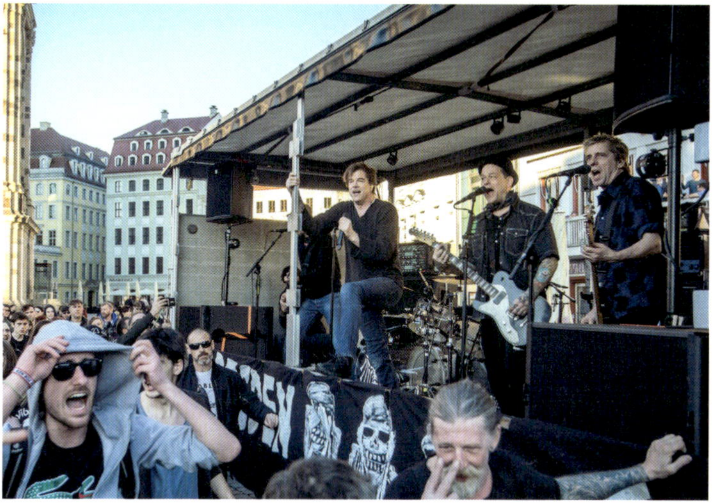

Die Toten Hosen bei einem spontanen Konzert gegen Pegida in Dresden

Konzert auf einem Lastwagen, das die Polizei allerdings bereits nach einem halben Song abbrach. Weil sich für den Castor-Transport nach Ahaus niemand interessiert hatte, waren Die Toten Hosen von Bürgerinitiativen gebeten worden, ein paar Leute für den Widerstand gegen die Überführung von Atombrennstäben zu aktivieren. Um dafür Öffentlichkeit zu erzeugen, erörterten sie die Problematik vorab in Radiointerviews, hinterher mussten sie sich, so Breiti, allerdings anhören, „dass wir das nur zu Reklamezwecken gemacht hätten".

Auch sonst wurde ihr politisches Engagement nicht immer gewürdigt. So warf ihnen die *taz* vor, für die „Weizsäckerisierung des Punk" verantwortlich zu sein. Und das Satiremagazin *Titanic* brandmarkte sie als „lallende Jusos". Campino machte sich darüber indes keine Illusionen: „Ich zahle eben den Preis dafür, dass ich Dinge sage, die mir wichtig sind. Wenn ich dann als ‚politisch korrekt' verheizt werde, ist mir das egal." Und Kritikern, die ihn als „Schwiegersohnpunk" verhöhnten, schlug er vor, die Hosen doch einmal zu ihrer Schwiegermutter einzuladen: „Ich weiß nicht, ob sie das so komisch fänden."

Politik von Aldi

Als Bob Geldof um Hilfe im Kampf gegen Ebola bat, sagte Campino zu – und wurde deshalb viel kritisiert.

Die Toten Hosen hatten bereits überall gespielt, wo es drauf ankam – in Wackersdorf ebenso wie in Rheinhausen, beim Festival *Ich bin ein Ausländer* und beim Willkommenskonzert für die Ostberliner nach dem Fall der Mauer. Klarer Fall, dass sie auch bei *Live 8* dabei waren, den von Bob Geldof organisierten Konzerten zum G8-Gipfel im schottischen Gleneagles, die den Druck auf die Staatschefs der führenden Industrienationen verstärken sollten, den ärmsten Ländern der Welt wenigstens die Schulden zu erlassen. Vor dem Auftritt am 2. Juli 2005 in Berlin rüffelte Campino jedoch den Regierenden Bürgermeister Klaus Wowereit und bezeichnete ihn als Idioten, weil der die Siegessäule für alle möglichen Veranstaltungen freigab, nur nicht für das deutsche *Live 8*-Konzert, das somit auf der Straße des 17. Juni stattfinden musste und von den Hosen eröffnet wurde. Wowereit habe zudem die Frechheit besessen, sich als Eröffnungsredner anzubieten, nachdem er gemerkt hatte, „dass *Live 8* eine große Sache wird“. Gleich danach flog Campino zum „Final Push“ im Murrayfield-Stadion von Edinburgh, wo er gemeinsam mit Bob Geldof und den Boomtown Rats „The Great Song Of Indifference“ sang.

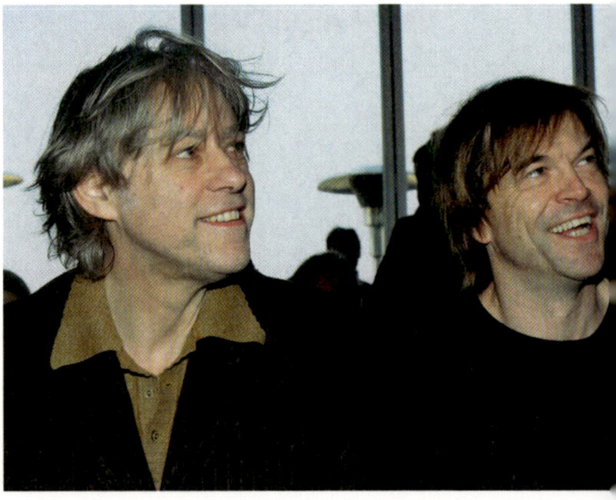

Statt ihr 25-jähriges Bandjubiläum gebührend zu feiern,

flogen die Hosen auf Bitten von Bob Geldof kurz vor dem G8-Gipfel 2007 in Heiligendamm nach Uganda, Sambia und Malawi, um sich vor Ort ein Bild von der Armut zu machen. Wieder daheim berichteten sie über ihre Begegnungen mit traumatisierten Kindersoldaten, hilflosen Ärzten und überforderten Entwicklungshelfern. Ahnend, dass es in Deutschland „zum guten Ton" gehöre, Leute als „Gutmenschen" zu denunzieren, die sich für die Ärmsten der Armen engagieren, nutzten sie ihre Popularität, um über die Lage in Afrika zu informieren und für „Grönemeyers Rockgipfel" in Rostock zu mobilisieren, wo sie einen ihrer allerersten Songs mit aktualisiertem Text sangen: „Angela Merkel gibt 'ne Party, und wir kommen nicht rein." Gemeinsam mit Bob Geldof brachten sie außerdem den Beatles-Song „All You Need Is Love" – als hätte es Punk nie gegeben. Und sichtlich wohl fühlte Campino sich, als er gemeinsam mit Bob und Bono auf der Bühne stand und seine Stimme gegen die Armut erhob.

Die Kritik Sven Regeners von Element of Crime, die er am Festivalinitiator Herbert Grönemeyer übte, war jedoch auch auf sie gemünzt: „Was ist das überhaupt für eine Politik, einfach gegen Armut zu sein? Es steht ja keiner auf und sagt: ‚Hey, ich bin aber für Armut, ich finde das geil!' Wenn das überhaupt Politik ist, was die da machen, dann ist das Politik von Aldi. Das ergibt doch überhaupt keinen Sinn. Das ist doch nicht politisch, das ist einfach nur Wichtigtuerei."

Als dann Bob Geldof Campino auch noch bat, wegen der Ebola-Epidemie in Westafrika eine deutsche Version des Band-Aid-Songs „Do They Know It's Christmas?" aufzunehmen, dachte Campino trotzdem nicht lange nach, wie sich das auf seine Karriere auswirken könnte. Unterstützt wurde er dabei von Thees Uhlmann. Wenn Bob Geldof frage, ob man was machen könne, sage man einfach: „Ja!" Mit Band-Aid-30 hätten sie sich zwar zu „absoluten Superdeppen" gemacht, die Single spielte allerdings vier Millionen Euro für den Kampf gegen Ebola ein. Für Uhlmann war das „ein fairer Deal".

AHA!

Anruf von Angie

Die Bundeskanzlerin Angela Merkel entschuldigte sich persönlich bei Campino für die Schändung des Hosen-Hits „Tage wie diese".

Nach der Bundestagswahl 2013 herrschte bei der CDU ausgelassene Stimmung wie in einem bayerischen Bierzelt. Mit 41,5 Prozent hatten CDU und CSU die absolute Mehrheit nur knapp verpasst. Im Konrad-Adenauer-Haus grölten die CDU-Granden vor laufenden Kameras den Wiesn-Hit der Toten Hosen „Tage wie diese". Dass die Hosen der CDU im zurückliegenden Wahlkampf untersagt hatten, den Song zu spielen, hatten der Fraktionsvorsitzende Volker Kauder, Angela Merkel & Co. offenbar vergessen, so siegestrunken wie sie waren.

Drei Tage später wollte die Bundeskanzlerin „den Herrn Campino" sprechen, um sich dafür zu entschuldigen, dass sie „so auf Ihrem Lied herumgetrampelt" waren. Die „bestfunktionierende Scheindemokratie der Welt", so der Hosen-Produzent Vincent Sorg, beriet daraufhin ausführlich, ob man sie zurückrufen solle, und kam eigentlich zu dem Schluss, das nicht zu tun, weil man sich nicht vereinnahmen lassen wollte. Doch der Herr Campino entschied kategorisch: „Wenn die Kanzlerin mich sprechen will, höre ich mir das an und lasse mich nicht verleugnen."

Die beiden kannten sich schon, seit Campino die frisch ernannte Bundesjugendministerin 1994 für ein *Spiegel Spezial*-Heft zum Thema „Pop & Politik" befragt hatte. Darin hatte Angela Merkel eingestanden, auf Feten meistens „unheimlich traurig" gewesen zu sein, sodass sie sich nicht in die Musik habe „reinsteigern" können: „Ich war immer das Mädchen, das Erdnüsse isst und nicht tanzt."

Zwar sei auch sie „wohl" mal bei den Puhdys gewesen, habe die Beatles gehört und sogar „Smoke on the Water" von Deep Purple („so ist es ja nicht"), aber es habe sie eben nie vom Hocker gerissen. Und nach ihrer Abiturfeier, gestand sie im Interview mit Campino, sei sie morgens um vier aus einem Boot gekippt, weil sie zu viel Kirsch-Whisky getrunken hatte.

Dass Politiker sich mit ihnen schmücken und die Hosen vereinnahmen wollen, diese Erfahrung hatte Campino in seiner Karriere schon des Öfteren gemacht. So hatte er sich bei einem Festival mal hinter der Bühne aufgehalten, als der Kanzlerkandidat der SPD, Rudolf Scharping, mit „einem Haufen Pressefotografen" auf ihn zugelaufen kam und die Arme ausstreckte: „Wir kennen uns." Campino hatte sich damals auf dem Absatz umgedreht und das Weite gesucht, weil er das als Unverschämtheit empfand: „Er wollte mich in meiner Position als vermeintliches Jugendidol für sich gewinnen."

Den Anruf der Bundeskanzlerin zu ignorieren, kam für ihn jedoch nicht infrage. Und so gratulierte er ihr artig zum Sieg und teilte ihr mit, dass Die Toten Hosen nicht beleidigt seien, obwohl der Gesangsvortrag „wirklich bescheiden" gewesen sei.

Hinterher war er sowohl entsetzt als auch gerührt. Entsetzt, weil die Kanzlerin nichts anderes zu tun hatte, als ihn anzurufen. Und gerührt, weil sie sich so humorvoll und locker für das peinliche Gegröle des größten Hosen-Hits entschuldigt hatte.

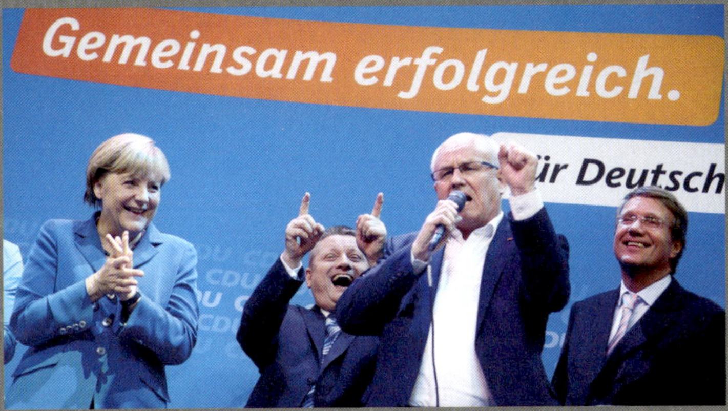

Volker Kauder singt auf der CDU-Wahlparty am Abend der Bundestagswahl „Tage wie diese".

Alles wird gut

Seitdem eine kleine Landkirche bei Fürstenfeldbruck neu geweiht wurde, weil Die Toten Hosen darin ihr „Bommerlunder"-Video gedreht hatten, gelten sie als Anti-Christen.

Ihre Single „Alles wird gut" war kaum erschienen, da empörte sich auch schon der Düsseldorfer Studentenpfarrer Carl Klinkhammer über die Plattenhülle, die Peter Paul Rubens' Gemälde von der Kreuzigung Jesu zeigte. Das Kreuz trug allerdings eine neue Inschrift: die Anfangsbuchstaben „D.T.H." und den Plattentitel „Alles wird gut". „Das ist Gotteslästerung", schimpfte der Monsignore. „Statt ehrfürchtig zu sein, versinken diese Menschen in Schmutz und Dreck."

Einen Mönch namens Elija hielt das jedoch nicht davon ab, sich mit ihnen in ihrer Sendung *Tausend Takte Tanzmusik*, die sie ein Jahr lang jeden Sonntag für Radio Fritz moderierten, über Gott und die Welt zu unterhalten. Nur wenig später checkte Campino in der Benediktinerabtei Königsmünster ein, um selbst drei Wochen lang wie ein Mönch zu leben. In der Stille des Klosters fand er die Zeit, einmal in aller Ruhe über sich nachzudenken, und dort schrieb er auch Texte für das nächste Hosen-Album *Opium fürs Volk*.

Auf dem nahmen die Hosen mit „Die zehn Gebote" und „Paradies" die Kirche erneut ins Gebet. „Paradies" war eine „Kampfansage an Institutionen, die Religion und Glauben missbrauchen, um die Menschen unter Druck zu setzen und zu erpressen" (Wölli). Selbst vor dem „Vaterunser" schreckten sie nicht zurück und dichteten es um. Und mit „Revenge" rechneten die Hosen später ein

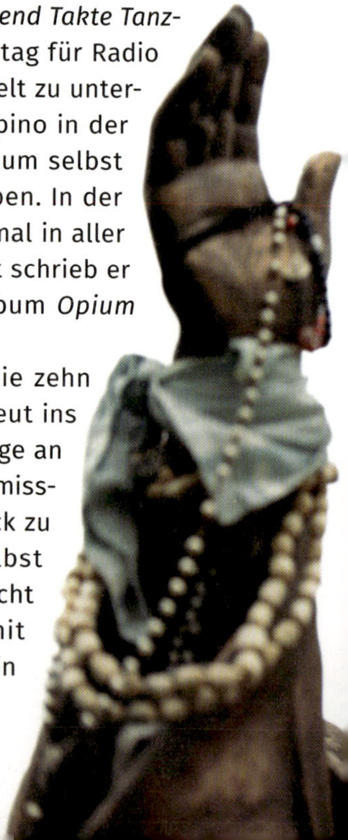

weiteres Mal mit dem Papst und der katholischen Kirche ab. Obwohl er „überhaupt nicht bibelfest“ war, bediente Campino sich beim Texten von „Was zählt“ aus der Heiligen Schrift, weil die „sehr schöne Bilder“ male und „philosophisch gesehen“ jedes Thema streife, das die Hosen interessiere: „Diese Gleichnisse, die da immer erzählt werden, die sind schon ein sehr gutes Training für die Fantasie. Solche Sprüche wie ‚von Wasser und Salz leben‘ kann man da in unterschiedlichsten Variationen finden.“ Und ihr Song „Beten“ handelte davon, „dass man noch so sehr so tun kann, als ob man nichts mit der Kirche zu tun hat, aber wenn es zu einer Totalkatastrophe kommt, dann ist das immer noch der Ort, wo sich alle versammeln. Da sitzt du dann in der Bank und erwartest Trost, obwohl du dich jahrelang nicht hast blicken lassen und auch rational gar nicht erklären kannst, wo das Bedürfnis jetzt plötzlich herkommt. Es fällt uns oft gar nicht auf, wie sehr wir im Alltag von dieser christlichen Kultur geprägt sind.“

So sehr, dass ihr Album *Opium fürs Volk* an deutschen Schulen im Religionsunterricht durchgenommen wurde. So manchem Kirchenfürsten dürfte das allerdings nicht gefallen haben.

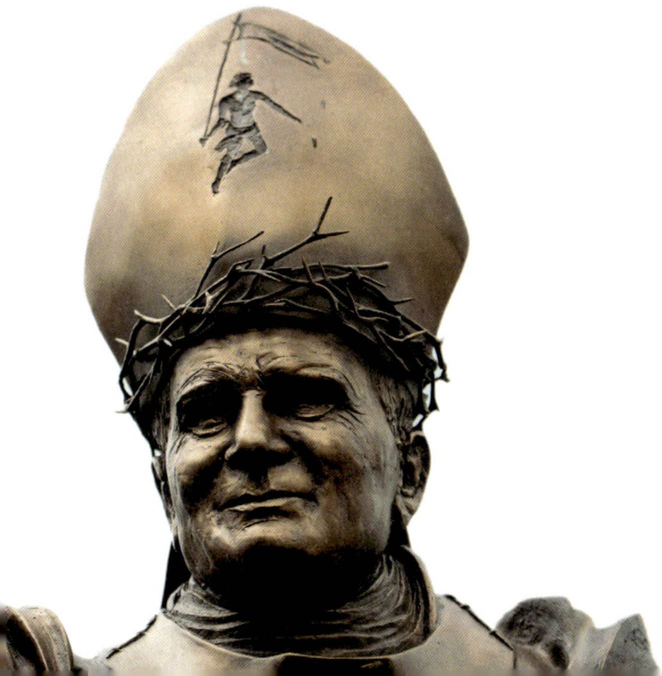

Die mit dem Sarg sind da

Über ernste Themen wie den Tod denken die Hosen nicht nur in ihren Songs nach. Sie haben auch schon frühzeitig alles geregelt.

Zu Beginn ihrer Karriere verstauten Die Toten Hosen ihre Gitarren in einem Kindersarg, den sie auf dem Dach ihres abgewrackten BMW installiert hatten. Auf diese Weise sparten sie sich das Geld für Gitarrenkoffer, doch der Sarg musste an jeder Grenze geöffnet werden, weil die Zöllner laut Andi, „allen Ernstes dachten, da wäre ein totes Kind drin". Immerhin hatten sie so einen griffigen Tourtitel: *Die mit dem Sarg sind da*. Zum Stein des Anstoßes wurde der Sarg aber auch im Ostsee-Bad Timmendorfer Strand. Nach ihrem Auftritt im Vereinsheim Strand 08 wurde den Toten Hosen verboten, die Stadt noch einmal zu betreten.

Als sich zwei Fans von ihnen umbrachten, indem sie die Auspuffgase ihres Autos bei laufendem Motor durch das Fenster ins

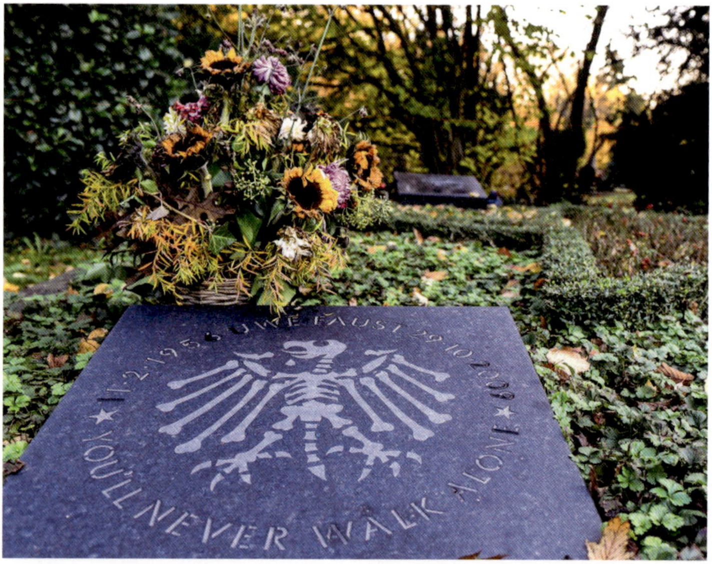

Wageninnere leiteten und dabei per Endloscassette Die Toten Hosen bis zum bitteren Ende hörten, ging ihnen das jedoch mächtig an die Nieren.

Beizeiten um eine stilgerechte Bestattung kümmerte sich hingegen ein 50-jähriger Toten-Hosen-Fan, der sich beim hannoverschen Beerdigungsinstitut Bios einen bunt besprayten Sarg bestellte. Das von drei Religionswissenschaftlern gegründete Bestattungsunternehmen bot keine „trostlose Routine für viel Asche“, sondern wollte den Weg ins Jenseits persönlich und individuell gestalten.

Das Familienunternehmen HEISO wiederum stellt zertifizierte abbaubare Bio-Urnen aus Naturfasern her, die sämtliche Anforderungen aller hierzulande geltenden Bestattungsverordnungen erfüllt und auch in „Ruheforsten“ beigesetzt werden dürfen. Versehen mit dem Hosen-Logo „Bis zum bitteren Ende“ werden sie vom bandeigenen Online-Shop angeboten.

Mitunter bei Beerdigungen gespielt werden ihre Songs „Nur zu Besuch“, mit dem Campino seiner 2000 verstorbenen Mutter die letzte Ehre erwies, und „Ehrenmann“, mit dem die Hosen 1986 die Heuchelei von Grabreden anprangerten: „Er war doch nur ein Arschloch, warum sagt niemand die Wahrheit?“

An die Zeit danach dachten aber auch die Hosen selbst schon sehr früh, als sie sich im Sommer 2001 eine Familiengruft auf dem Düsseldorfer Südfriedhof sicherten, damit auch der Tod sie nicht scheide. Darin begraben liegen bereits ihr Roadie Uwe Faust (1956–2009), ihr Manager Jochen Hülder (1957–2015) sowie ihr Schlagzeuger Wölli (1950–2016). Dem Vorhaben, neben der Gruft einen Bierautomaten aufzustellen, erteilte die Friedhofsverwaltung allerdings eine Absage.

Bevor Campino eines fernen Tages die Augen für immer schließt, will er die englischen Komiker Monty Python zitieren: „Always look on the bright side of life.“ Und sein letzter Wille besagt dem Cover des Albums *Learning English – Lesson 1* zufolge, dass bei seiner Beerdigung die Vibrators-Single „Baby Baby“ als Endlos-Tape abgespielt wird.

Bis zum bitteren Ende

Ob es wirklich ihr 1000. oder erst ihr 856. Konzert war, spielte hinterher keine Rolle mehr. Der Tod eines Fans machte die Jubiläumsfeier der Hosen zum Albtraum.

Für ihr 1000. Konzert hatten Die Toten Hosen das Düsseldorfer Rheinstadion angemietet und Bands wie Bad Religion und die Leningrad Cowboys eingeladen. Der Pay-TV-Sender Premiere übertrug das Spektakel live – von der Ankunft der Hosen, die sich von ihrer Security, der Rockergang Black Devils, auf schweren Motorrädern zum Stadion fahren ließen, bis zum bitteren Ende.

Die Hosen betraten die Bühne an diesem Tag gleich zwei Mal. Beim ersten Auftritt spielten sie in mexikanischen Mariachi-Anzügen und mit aufgeklebten Schnurrbärten unter dem Namen Die Roten Rosen. Und zu Beginn des zweiten Sets hätte die Stimmung in der ausverkauften Arena nicht besser sein können. Viele der 60.000 Fans tanzten vor der Bühne Pogo, und die gute Atmosphäre riss auch die Band mit. Doch als die gerade den fünften Song spielte, eilte der Tourmanager zu Campino auf die Bühne, um ihm mitzuteilen, dass etwas Schreckliches passiert sei. Campino hoffte zunächst noch, dass es sich nur um ein Gerücht handele, und wollte die Bestätigung eines Arztes. Zwei Songs später kam der Tourmanager zurück und teilte Campino mit, dass tatsächlich jemand gestorben sei. Die Hosen unterbrachen daraufhin für 20 Minuten das Konzert und besprachen sich mit dem Roten Kreuz, dem Katastrophenschutz, der Polizei und der Feuerwehr, die alle auf sie einredeten, doch bitte weiterzuspielen, damit keine Panik ausbräche.

Notgedrungen stellten sie ihr Programm ein wenig um und brachten es irgendwie hinter sich. Campino befand sich „in einem Stadium, in dem ich nicht mehr als zurechnungsfähig beurteilt worden wäre. Die normale Wertvorstellung, die einen davon abhält, Dinge zu tun, die vielleicht echt gefährlich werden könnten, war nicht mehr vorhanden“, erzählte er später dem *Musikexpress*. „Du stehst unter Schock und reagierst nur noch in Teilbereichen so, wie man es von dir erwartet. Wie nach einem schweren Unfall auf der Autobahn, wenn du Schwerverletzte aus einem Autowrack ziehen musst.“ Campino wollte nur noch allein sein und kletterte auf das Zeltdach: „Das war für mich noch die angenehmste

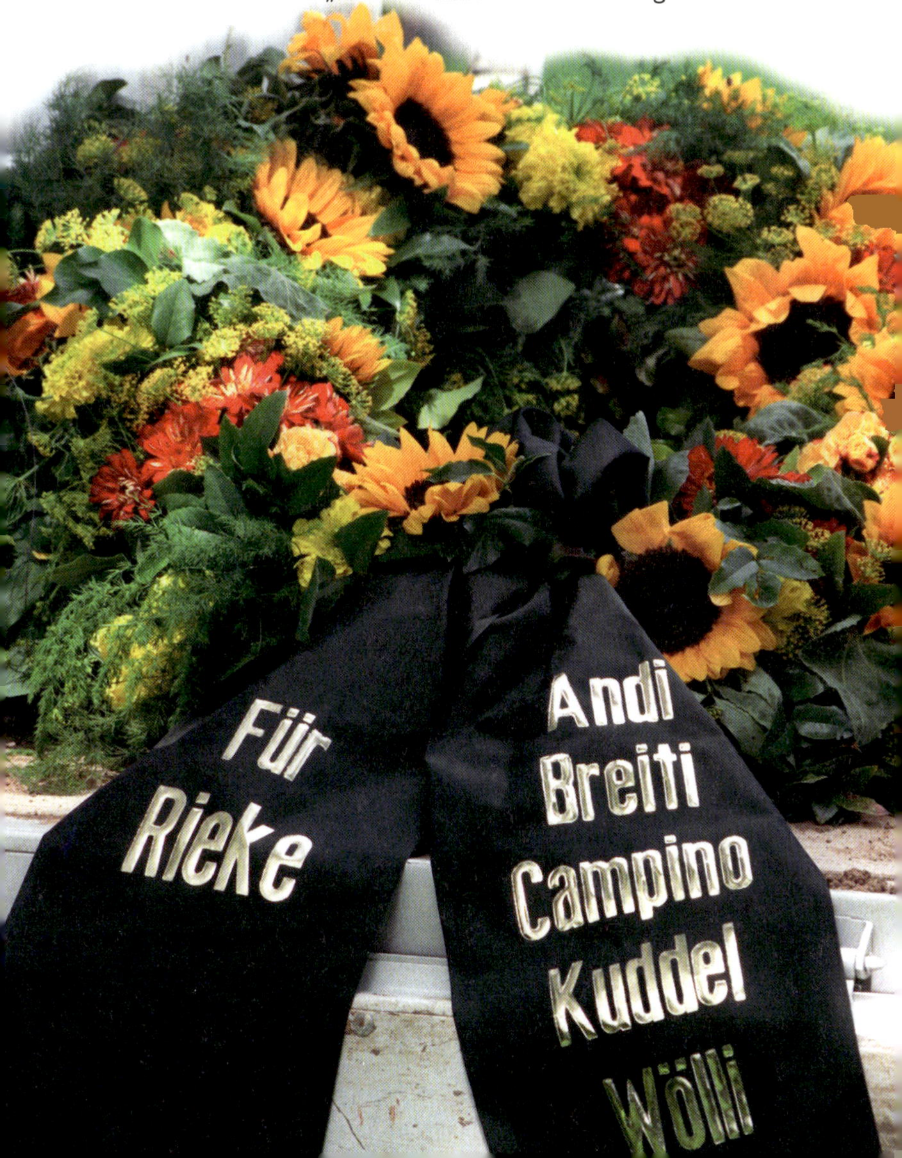

Stelle." Nach dem Konzert ging er allein nach Hause, „total down und aufgewühlt". Er konnte nicht schlafen, wollte keinen mehr sehen und mit niemandem reden. Wie ein Tiger im Käfig lief er in seiner Wohnung hin und her und trank „eine Menge", um sich zu betäuben.

Für Andi war es „bis zu dem Moment, in dem das Unglück passierte, einer der besten Abende der Bandgeschichte" gewesen, doch mit dem Tod der im Gedränge vor der Bühne erstickten Niederländerin Rieke Lax, war daraus eine „absolute Katastrophe" geworden. Nach dem Unglückskonzert, das der krönende Höhepunkt ihrer bisherigen Karriere hatte werden sollen, sagten sie erst einmal alle weiteren Konzerte ab, und jedes Bandmitglied hatte andere Vorstellungen davon, wie es weitergehen sollte. Manche wollten gar nicht mehr live spielen, andere die Band ganz auflösen, und lange Zeit fanden sie keine Lösung, mit der jeder einverstanden war. „In dieser Phase", erzählte Campino im Dezember 1997 in der *BRAVO*, „fühlte ich, dass die Band zerbrechen könnte." Für ihn war das eine Nervenfrage: „Wir müssen mit dem Trauma des Rheinstadions fertig werden und wieder zu uns finden."

Ausnahmslos alle Konzertveranstalter waren sich hinterher einig, dass auch verschärfte Sicherheitsvorschriften den Unfall nicht hätten verhindern können und dass die bestehenden Auflagen ausgereicht hätten. Der ermittelnde Oberstaatsanwalt befand, dass der Band kein Vorwurf zu machen sei, die Untersuchung zog sich jedoch drei Jahre hin, bis das Verfahren schließlich eingestellt wurde. In dem 137-seitigen Ermittlungsbericht wurden die Hosen, ihre Konzertagentur und der lokale Veranstalter vom Verdacht auf fahrlässige Tötung und Körperverletzung freigesprochen.

Fünf Tage nach dem Tod der 16-jährigen Rieke Lax besuchten die Hosen ihre Eltern, um ihnen ihr Beileid auszusprechen. Statt ihnen vorzuwerfen, am Tod ihrer Tochter schuld zu sein, spendeten die ihnen sogar Trost. Mit Riekes Mutter Jessie sind sie seitdem befreundet. Und Rieke Lax widmeten sie die Ballade „Alles ist eins".

AHA!

Auszeichnungen

Die Toten Hosen haben so viele Echos, Cometen, 1LIVE-Kronen und *BRAVO*-Ottos abgeräumt, dass sie in ihrer TV-Show *Friss oder stirb* eine Echo-Trophäe als Preis bei einem Golfspiel auslobten:

1994 Echo (Marketing)
1996 Comet (Beste nationale Musikgruppe), *BRAVO*-Otto in Gold
1997 Echo (Video zu „Zehn kleine Jägermeister"), Comet (Video zu „Zehn kleine Jägermeister"), *BRAVO*-Otto in Bronze
2000 Comet (Beste nationale Musikgruppe), 1LIVE-Krone (Beste Band)
2002 Comet (Beste Live-Band und Video zu „Kein Alkohol (ist auch keine Lösung)!")
2003 Echo (Beste nationale Gruppe)
2006 1LIVE-Krone (Bestes Album)
2007 1LIVE-Krone (Lebenswerk)
2009 Echo (Beste Live-Auftritte einer deutschen Band), 1LIVE-Krone (Beste Band)
2012 Echo (Album des Jahres und Hit des Jahres und Beste DVD-Produktion national), 1LIVE-Krone (Beste Band), Ehrenmitgliedschaft Fortuna Düsseldorf, Ehrenbürger von Buenos Aires
2013 Echo (Beste nationale Gruppe), Deutscher Musikautorenpreis (Komposition Rock/Pop und Erfolgreichstes Werk), Deutscher Radiopreis (Lebenswerk)
2014 Echo (Bester Live-Act national), Josef-Neuberger-Medaille der Jüdischen Gemeinde Düsseldorf
2018 Echo (Rock national), Düsseldorfer des Jahres
2019 Julius Hirsch Preis des DFB
2020 Rose d'Or Award der ERU für Campinos Film-Doku *Wim Wenders, Desperado*

Als der Moderator Fritz Egner im März 1994 bei der Echo-Vergabe die Verleihung eines Lifetime Awards einbimmelte, erhob sich Campino und kam Udo Jürgens zuvor, der für sein Lebenswerk geehrt werden sollte.

Zahlen & Fakten

Seit 1990 wurden **10 Alben** der Toten Hosen auf **Platz 1** der deutschen Charts notiert. Allein in Deutschland, Österreich und der Schweiz verkauften Die Toten Hosen mehr als **14 Millionen** Tonträger.

Als **erste deutsche Major-Band** stellten Die Toten Hosen Ende 1999 eine Single („Schön sein") für **48 Stunden** zum Runterladen bereit. **100.000 Zugriffe** und **40.000 Downloads** aus über **70 Ländern** gefährdeten keineswegs den CD-Verkauf, sondern katapultierten das Hosen-Album *Unsterblich* auf **Platz 1** der Charts.

Die Goldene Schallplatte, die Joey Ramone als aktiv Beteiligter für **250.000 verkaufte Exemplare** des Hosen-Albums *Learning English – Lesson One* erhielt, war die erste Goldene überhaupt, die der Sänger der Ramones erhielt.

Mit **1,1 Millionen Zuschauern** war die Tournee *Der Krach der Republik* die erfolgreichste Konzertreise einer deutschen Band.

Den sogenannten **„Hosen-Hobel“** kennt man aus Songs wie „Verschwende deine Zeit“, „1000 gute Gründe“ oder „Bonnie & Clyde“: „Er taucht meistens in den Strophen auf und besteht aus schnell gespielten Achteln auf einer verzerrten Gitarre, wobei nur die oberen drei tiefen Saiten angeschlagen und zusätzlich vom Handballen der Schlaghand abgedämpft werden“ (Philip Oehmke). Dadurch entsteht ein dumpfer, treibender und abgehackter Sound. Diese Technik wird von den meisten Punk- und Metal-Bands angewendet und hält einen Song zusammen.

Die Trojanischen Reiter

Die Probe aufs Exempel machte die Zeitschrift *Soundcheck*, als sie Die Toten Hosen unter dem Pseudonym Die Trojanischen Reiter deutschen Plattenfirmen anbot.

Sechs antworteten gar nicht erst, sieben lehnten sie ab und allein die BMG Ariola zeigte sich interessiert. Was sie allerdings auch nicht unbedingt in einem besseren Licht erscheinen ließ, hatte sie doch einst Konstantin Weckers „Sadomasochistische Verse" ebenso abgelehnt wie Herbert Grönemeyers Erfolgsalbum *4630 Bochum*.

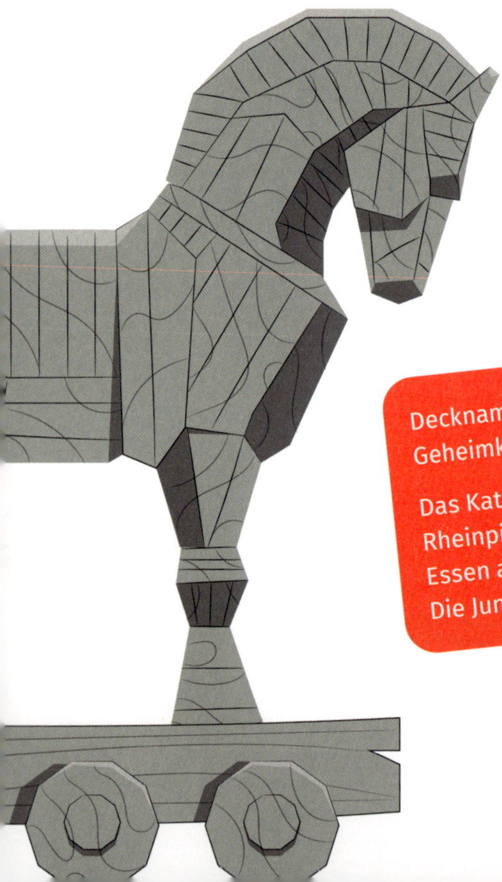

Decknamen, unter denen Die Toten Hosen Geheimkonzerte gaben:

Das Katastrophenkommando (1993)
Rheinpiraten (1998)
Essen auf Rädern (2000)
Die Jungs von der Opelgang (2004)

Funktionierende Scheindemokratie

Bei den Toten Hosen sind alle gleich. Nur einer ist gleicher.

Ihre Zusammenkünfte, in denen sie alles besprechen, was für sie von Belang ist, nennen Die Toten Hosen „blaue Stunden“. Im Prinzip hat jeder eine Stimme und letztendlich entscheidet die Mehrheit, doch ganz so einfach ist es nicht. Breiti: „Praktisch wird oft so lange geredet, bis entweder die Minderheit platt geredet oder tatsächlich überzeugt ist. Und am nächsten Tag fangen wir wieder von vorn an, weil die Hälfte über Nacht die Meinung geändert hat.“

Auch bei der Auswahl der Songs, die sie aufnehmen oder live spielen wollen, geht es demokratisch zu. „Wenn ein Lied irgendwann zu glitschig wird“, so Campino, „gibt es zwei, die das gut finden, und zwei, die schreien, dass das Lied jetzt zu stinken anfängt.“ Ins Repertoire würde aber keiner aufgenommen, bei dem sich einer von ihnen „unwohl fühlt“.

Bevor sie ihrem Management neue Demos vorspielen, bewerten sie diese erst einmal intern und vergeben Schulnoten. Auch dafür haben sie einen internen Begriff: „Elternsprechtag“.

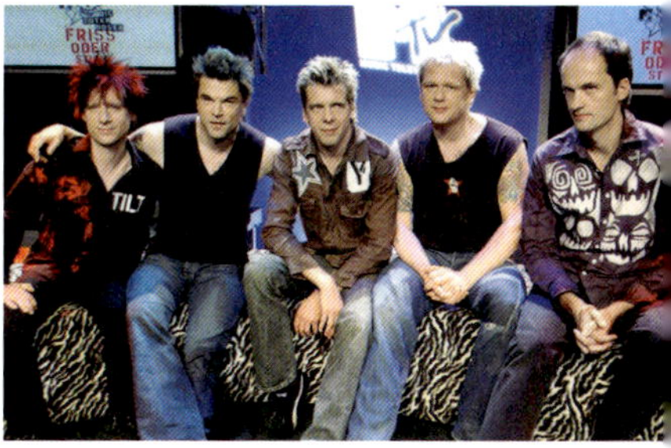

Für Campino sind die Hosen somit „ein demokratischer Verein, in dem jeder dazwischenrufen kann“. Ihrem Produzenten Vincent Sorg zufolge handelt es sich bei ihnen hingegen um „die bestfunktionierende Scheindemokratie der Welt“. Und sein Vorgänger Jon Caffery bemerkte einmal, dass zwar jeder mitreden könne, am Ende aber gemacht würde, „was Campi will“. Diplomatischer drückte sich da schon ihr verstorbener Manager Jochen Hülder aus: „Wenn Die Toten Hosen die Vereinten Nationen wären, dann wäre Campi sicherlich nicht Bulgarien.“

AHA!

Weißes Rauschen

Die Hosen singen zwar immer noch „Und die Jahre ziehen ins Land, und wir trinken noch immer ohne Verstand." Statt zu Bommerlunder oder Jägermeister greifen sie heute aber zu bandeigenen Alkoholika.

Als der Punk nach Deutschland kam, trug Campino einen Anstecker an der Jacke, auf dem „I drink milk" stand und auf den Jürgen Engler von Male (und später Die Krupps) und Peter Hein, der Sänger von Mittagspause (und später auch von Fehlfarben), ziemlich scharf waren, weil beide es ablehnten, Alkohol zu trinken. Campino selbst hatte damit jedoch keine Probleme, wie er in Jürgen Teipels Doku-Roman *Verschwende deine Jugend* erzählte: „Ich hatte nicht eine ZK-Probe, wo ich nicht betrunken gewesen wäre. Ich dachte, das gehört dazu."

Bereits in ihrer Steinzeit nahmen Die Toten Hosen folgerichtig ein Lied auf, das sie erstmals 1983 unter dem Pseudonym „Tangobrüder" auf einem Sampler veröffentlichten und 2018 ein weiteres Mal auf ihrem Live-Mitschnitt eines Benefizkonzerts für den Berliner Club SO36, *Auf der Suche nach der Schnapsinsel*: „Frühstückskorn".

Zu Beginn ihrer Karriere war es noch ein Tabu gewesen, das Trinken von Alkohol zu glorifizieren, doch das hielt sie nicht davon ab, den ersten 1000 Exemplaren ihrer „Bommerlunder"-Single Flachmänner beizulegen, die allerdings nicht immer Korn enthielten, weil die Hosen ihn beim Verpacken zum Teil selbst getrunken und durch Wasser ersetzt hatten. Knapp 30 Jahre später veröffentlichten sie mit „Zamrozona Wyborowa" sogar eine polnische Version dieses Songs, der sie nicht nur in Punk-Kreisen bekannt gemacht hatte.

Ihren ersten Nummer-1-Hit verdankten sie ebenfalls König Alkohol. Und um zu zeigen, dass das Publikum „in puncto flaches

Liedgut" immer noch mit den Hosen rechnen müsse, nahmen sie 2001 den Song „Kein Alkohol (ist auch keine Lösung)!" auf, dessen Titel schon bald zu einem geflügelten Wort in Deutschland wurde.

Während Kuddel zum Antialkoholiker geworden war, nachdem er schon morgens angefangen hatte, Schnaps zu trinken und mit keinem mehr klargekommen war, sodass die Hosen kurz davor waren, sich aufzulösen, ließ Campino sich aber auch weiterhin nicht beirren. So hatte der Wirt des Hackerzeltes auf der Münchener Wiesn auf dem Oktoberfest 2012 nur „20 Sekunden Vorlaufzeit", um die Kapelle zu warnen, dann stand Campino auch schon auf der Bühne und grölte den Hosen-Hit „Tage wie diese", wobei er bereits so wackelig auf den Beinen war, dass er gestützt werden musste.

Weil auch ihre Fans sich gerne ein Beispiel an ihnen nehmen, bieten die Hosen in ihrem Online-Shop längst ein eigenes Bier an: das in Zusammenarbeit mit der Düsseldorfer Hausbrauerei Uerige produzierte „Hosen Hell". Außerdem gibt es eine eigene Weinmarke, den „Machmalriesling" des Bingener Winzers Martin Tesch, auch „Weißes Rauschen" genannt. Wie scharf Jürgen Engler einst auf seinen Milch-Button gewesen war, hatte Campino jedoch nie vergessen. Als Engler im Oktober 2002 zu den Hosen auf die Bühne stieg und sie gemeinsam „First Time" von The Boys spielten, schenkte Campino ihm den Anstecker.

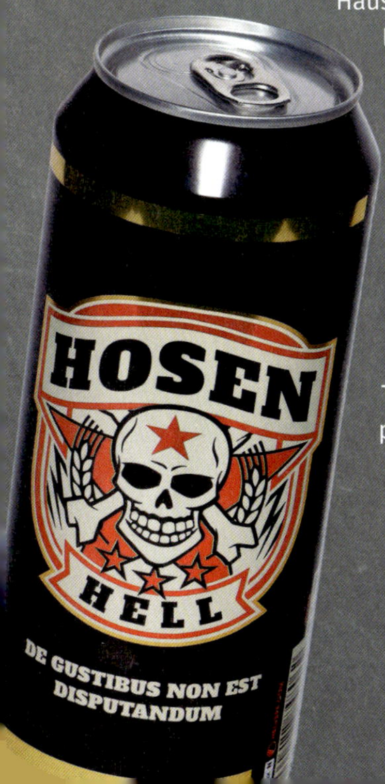

Der englische Patient

„Wir sind eine kranke Band für ein krankes Volk", hat Campino mal gesagt. Wie sehr das zutrifft, zeigt ein Blick in ihre Krankenakten.

Als Campino am Pfingstsonntag 2000 bei Rock am Ring das Kreuzband, das Innenband und der Meniskus seines linken Knies rissen, absolvierte er zwar den Auftritt noch zu Ende, doch 70 Konzerte mussten anschließend abgesagt werden.

Acht Jahre später war es erneut fast so weit. Frustriert, weil der FC Liverpool im Halbfinale der Champions League gegen Chelsea London ausgeschieden war, trat er gegen eine Mülltonne, ohne zu ahnen, „dass da ein Stahlrahmen um den scheiß Mülleimer war". Campino brach sich den Fuß, wollte den bevorstehenden Auftritt bei *Rock am Ring* aber keineswegs absagen. Also warf er sich mit einer Beinschiene zum Stage Diving ins Publikum.

Wie der *Musikexpress* 2002 unter der Überschrift „Der Mann ist doch krank!" aufzählte, hatte er sich zuvor bereits diverse Rippen, das linke Wadenbein und die linke Hand gebrochen, die Achillessehne angerissen, das Kinn und die Stirn aufgeschlagen, ein paar Platzwunden am Kopf und Fleischwunden am linken Fuß sowie am rechten Ellenbogen zugezogen und nach Stürzen mehrere Schleimbeutelentzündungen am Ellenbogengelenk auslaborieren müssen. Außerdem vermerkte die medizinische Statistik einen Husten (1983), einen Tripper (1984) und Schweißfüße (1992), und 1988 hatte er sich die Stimmbänder so stark angerissen, dass ihm die Ärzte rieten, seine Sängerkarriere lieber ganz aufzugeben.

Ende der 1970er Jahre war er zudem nach Konzerten immer zwei Tage lang taub gewesen. Ohrstöpsel galten damals als uncool, und erst viel später wurde die Lautstärke bei Live-Konzerten gedrosselt. Was aber auch nicht verhindern konnte, dass er 2018 einen Hörsturz erlitt und die Hosen sechs Wochen pausieren mussten, weil ihr Sänger ärztlich behandelt werden musste. In dieser Zeit, erzählte er später, habe er sich gefragt, ob er 20 geile Konzerte gegen eine spätere Taubheit eintauschen wolle.

Auch die anderen Hosen waren vor Gefahren nicht gefeit. Als Gitarrist Kuddel 1985 bei minus 25 Grad für ein Video mit nacktem Oberkörper einen Piraten mimen musste, der „Unter falscher Flagge" segelte, zog er sich eine Nieren- und Lungenentzündung zu; die geplante Tournee musste um zwei Monate verschoben werden. Beim Dreh zu „Alles aus Liebe" schoss sich Schlagzeuger Wölli 1993 versehentlich ins Knie und fiel erst einmal aus. Und weil er Probleme mit seiner Bandscheibe und ständig Rückenschmerzen hatte, musste er die Sticks schließlich an Vom weiterreichen. Als Wölli im Mai 2000 mit seinem BMW in der Innenstadt von Mönchengladbach von der Fahrbahn abkam und im Gegenverkehr landete, brach er sich zudem alle Rippen auf der rechten Seite, gleich sechs Mal den Oberschenkel, und seine Kniescheibe wurde zerschmettert. Dass er den Unfall überlebte, war angesichts all dieser Verletzungen ein wahres Wunder.

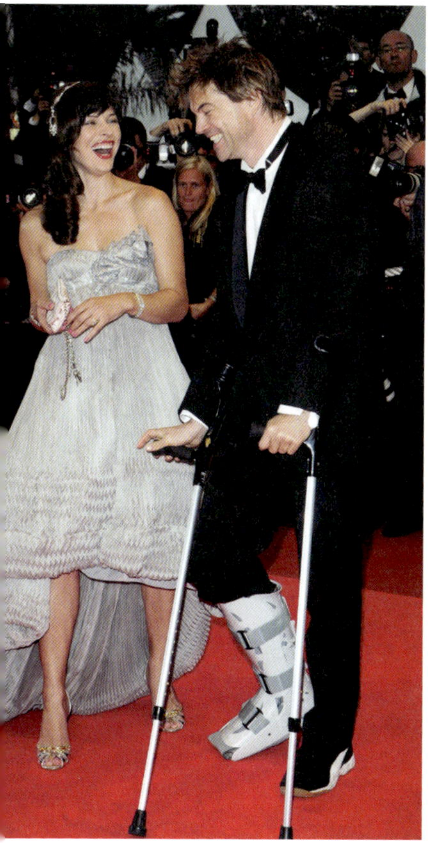

Campino lädiert und mit Krücken auf dem roten Teppich an der Seite von Milla Jojovich in Cannes

Jochens kleine Plattenfirma

Der 2015 verstorbene Hosen-Manager Jochen Hülder war Zeit seines Lebens so gerissen wie Elvis Presleys Manager Colonel Tom Parker oder der Sex-Pistols-Impresario Malcolm McLaren.

Nachdem er durchs Abitur gefallen war, legte der Solinger Jochen Hülder nicht die Hände in den Schoß, sondern organisierte die Abschiedsfeier seiner Klasse – und verdiente nicht schlecht daran. An den Wochenenden verkaufte er auf einem Flohmarkt, sehr zum Verdruss der Eltern, Süßigkeiten an Kinder, die sie sich selbst abfüllen konnten, und machte damit so viel Geld, dass er den Rest der Woche auf Ibiza verbringen konnte. In den 1970ern veranstaltete er sein erstes Konzert mit dem Folk-Gitarristen Werner Lämmerhirt, später betreute er Bob Marley bei ein paar Konzerten und 1981 mietete er wagemutig die Düsseldorfer Philipshalle an für ein Konzert mit DAF, The Wirtschaftswunder, Palais Schaumburg und Fehlfarben. Nachdem er auch die Abschiedstournee von ZK veranstaltet hatte, kümmerte er sich fortan mit viel Geschick und großem Erfolg um alle Belange der Toten Hosen.

Der 2015 verstorbene Jochen Hülder war aber nicht nur ihr Manager, mit ihm waren die Hosen auch in vielen Firmen verbandelt. 1990 war er bei der Konzertagentur MCT ausgestiegen und hatte zusammen mit Kiki Ressler die Firma KKT (Kikis kleiner Tourneeservice) gegründet, die seitdem die Tourneen der Hosen und von Die Ärzte veranstaltet. Ab 1989 war Hülder außerdem Geschäftsführer der T.O.T. Musik GmbH, der Rheinkultur Beteiligungs- und Verwaltungs-GmbH und von RKV (Richards kleiner Versand). Und er und die Hosen waren gleichberechtigte Gesellschafter und Kommanditisten von JKP (Jochens kleine Plattenfirma), HKM (Heikes kleiner Musikverlag) und HNKAKBSM (Heikes noch kleinerer, aber kein bisschen schlechterer Musikverlag), und Hülder war, wie es Campino einmal ausdrückte, „sozusagen auch ein Bandmitglied", weil er von Anfang an dabei war.

AHA!

Do it yourself

Bereits in ihren Anfängen hatten die Hosen vieles selbst gemacht. Seit der Gründung von Jochens kleiner Plattenfirma kann ihnen aber keiner mehr reinreden.

Zehn Jahre lang wurden ihre Platten von Virgin Records veröffentlicht. Als eine Verlängerung ihres Vertrags anstand, setzten sich die Hosen und ihr Manager Jochen Hülder aber zusammen und zogen Bilanz. Dabei stellten sie fest, dass sie mit ihrem Totenkopf-Label außer dem Vertrieb so gut wie alles selbst gemacht hatten. Sie nahmen die Musik in Studios ihrer Wahl mit einem Produzenten ihrer Wahl auf, sie überwachten das Mastering der Aufnahmen, ließen die Cover und das sonstige Artwork gestalten und kümmerten sich um die Promotion, das Merchandising, die Konzerte, Fernsehauftritte und Radiointerviews.

Alle großen Plattenfirmen waren scharf darauf, sie unter Vertrag zu nehmen, weil sie aber schon von jeher ihre Marketingpläne und alles andere „kreativ selbst bestimmt" hatten, was eigentlich Aufgabe einer Plattenfirma ist, sahen sie nicht mehr ein, warum andere sich das Geld einstecken sollten, das im Grunde ihnen zustand. Für Campino war die Gründung von Jochens kleiner Plattenfirma (JKP), wie sie ihr neues Label nannten, somit „nur ein weiterer konsequenter Schritt" in Richtung Independent.

Ihre eigene Konzertagentur und ihren eigenen T-Shirt-Drucker – alles Freunde der Band, die sich mit ihrer Musik auch identifizierten – hatten sie bereits. Nun kam auch noch eine eigene Plattenfirma hinzu, deren Radiopromoter nicht gleichzeitig ein neues Album von Nicki oder Sandra anpreisen mussten. Dass sie all die hoch dotierten Plattenverträge, die man ihnen anbot, ausschlugen, bedeutete für die Hosen aber auch, dass es mal wieder um alles oder nichts ging: „Wir sind 15 Jahre lang die Deppen gewesen, haben uns den Marktregeln angepasst. Jetzt nehmen wir die Sache selbst in die Hand und spielen noch mal voll va banque." Campino und die Band waren eben „noch nicht Rentner genug", um sich zu sagen: „Okay, Leute, hier ist mein Tape, macht was draus, überweist mir die Kohle. Und sie hätte gereicht, dass ich schön in meinen Sessel pupsen könnte. Ich möchte aber nicht Angestellter in einem Kaufhaus sein, ich möchte lieber meinen eigenen Tante-Emma-Laden haben."

Nachdem ihr Manager Jochen Hülder die Angebote sondiert hatte, entschieden sie sich für einen Vertriebsvertrag mit der Warner-Brothers-Tochter eastwest und veröffentlichten eine Presseerklärung, in der sie sich bei Virgin-Chef Udo Lange und seinem Vertriebsleiter Rainer Tarara sowie dem ganzen Team „für

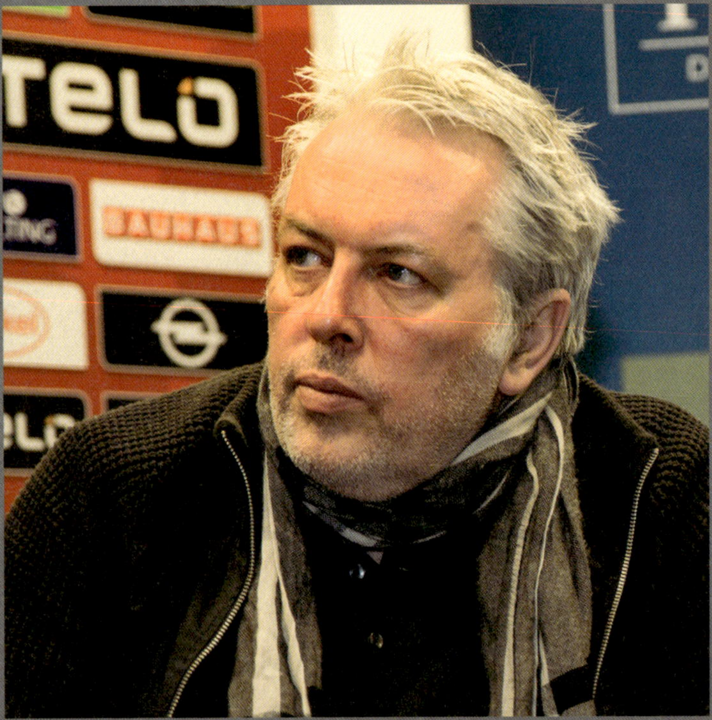

R.I.P. Jochen Hülder

zehn Jahre Nervenstärke“ bedankten und sich darauf freuten, „bald die Belastbarkeit von Jürgen Otterstein und seinen Jungs und Mädels im hohen Norden zu testen“. Ihre langjährige Bezugsperson bei Virgin, den Produktmanager Patrick Orth, engagierten sie für die Leitung ihres eigenen Labels JKP.

Die Plattenindustrie betrachtete den eastwest-Deal damals mit großer Skepsis und wohl auch mit den schlimmsten Befürchtungen, zumal auch die Kelly Family schon 1988 diesen Schritt vollzogen hatte, indem sie ihre Platten auf dem eigenen Label KEL-Life veröffentlichte und nur den Vertrieb von einer größeren Firma besorgen ließ. Solches Unternehmertum der Künstler stellte das ganze System infrage, das bis dahin immer gut funktioniert hatte.

Ihr erstes JKP-Album, *Opium fürs Volk*, landete auf Platz 1 der Charts, was bis dahin noch keiner Independent-Band gelungen war, und verkaufte rund eine Million Exemplare. Zum ersten Mal schaffte sogar eine Hosen-Single eine Platzierung ganz oben in den Charts: „Zehn kleine Jägermeister“ ging satte 700.000 Mal über den Ladentisch. Und auch das Live-Album *Im Auftrag des Herrn*, das im Sommer 1996 erschien, verkaufte eine Million Tonträger.

Breiti zufolge wurden alle Einnahmen „immer zu gleichen Teilen durch alle Bandmitglieder geteilt, weil jeder auf seine Weise gleich großen Anteil am Erfolg hat“. Diese Praxis ist in der Branche absolut einzigartig, erklärt aber auch, warum die Hosen so lange nicht nur rein geschäftlich miteinander verbunden sind. Denn wenn jeder gleich viel erhält, hat niemand Anlass, neidisch zu sein, und das Gerangel, wessen Songs veröffentlicht werden, unterbleibt und setzt die Band nicht bei jeder neuen CD einer Zerreißprobe aus.

Zudem hatten die Hosen das große Glück, dass der Erfolg nicht so plötzlich über sie kam wie bei so mancher anderen Band, die darüber zerbrach, weil sie sich nicht schnell genug auf eine extrem veränderte Situation einstellen konnte. Als 1987 das Live-Album *Bis zum bitteren Ende* veröffentlicht wurde und sich gut verkaufte, hatten sie sich zum ersten Mal nicht mehr mit Nebenjobs über Wasser halten müssen. Aber erst mit dem Album *Ein kleines bisschen Horrorschau* hatten sie, so Breiti, „auf einmal die Freiheit, nicht nur von der Musik zu leben, sondern auch viele Ideen verwirklichen zu können", von denen sie vorher aus Kostengründen nur hatten träumen können. Weil sie ihre ganze Zeit und Energie „von Anfang an in die Band gesteckt hatten und die Band immer wichtiger war als Schule, Ausbildung oder jede Freundin", empfand er es „als ein ganz großes Glück", dass die Hosen von der Musik leben konnten: „Ab diesem Zeitpunkt war es uns erst möglich, uns voll auf die Musik zu konzentrieren, und damit genau das zu tun, was wir am liebsten machen."

Längst haben sie nicht nur T-Shirts, Sweatshirts und Baseballkappen im Angebot, sondern auch Feuerzeuge und Kerzen, Gürtel und Krawatten, Handschuhe, Schals und Mützen. Und all diese Sachen kann man nicht nur bei ihren Konzerten erwerben, sondern rund um die Uhr in ihrem Online-Shop, der von Bettwäsche und Hotpants im Hosen-Design über Tassen, Bierdeckel und Mousepads bis hin zu Hundemarken, Plektren, Schlüsselanhängern und den obligatorischen Taschen und Flaggen so ziemlich alles anbietet, was das Fan-Herz begehrt. Neben Kühlschrankmagneten mit der Aufschrift „Kein Alkohol (ist auch keine Lösung)!", Kindershirts, Lätzchen und Stramplern mit dem Knochenadler gab es dort auch ein exklusives Tipp-Kick-Spiel in einer limitierten Version von 1000 Stück und sogar eine eigene Kollektion von Trainingsanzügen und Fußballschuhen, die in Zusammenarbeit mit dem Sportschuster Puma entwickelt wurde.

Das Angebot, für eine Million D-Mark einen Werbespot für Coca-Cola zu drehen, lehnten sie jedoch ebenso ab wie Offerten von Autofirmen, weil sie nicht ihre Ideale verraten und ihre Fans enttäuschen wollten, die an sie glaubten, weil sie „so etwas" nicht mitmachten. Nur einmal ließen sie sich erweichen und 2002 für eine Million D-Mark von einer Brauerei präsentieren – um ihren Lieblingsverein Fortuna Düsseldorf vor dem Konkurs zu bewahren, indem sie ihm das Sponsorenhonorar spendeten.

Das Quiz für echte Toten-Hosen-Experten

1. Welcher Name stand bei ihrer Namenssuche nicht zur Wahl?

a) Die Pariser
b) Campino & die Sahnebonbons
c) Die Tangobrüder

2. Auf welchen Künstlernamen hörte Andreas Frege, bevor er sich Campino nannte?

a) Billy Abili
b) Billy Odol
c) Billiger Jakob

3. Unter welchem Namen wurden Die Toten Hosen bei ihrem allerersten Konzert angekündigt?

a) Die Toten Hasen
b) Die Toten Nasen
c) Die Toten Oasen

4. Wie wurde Campino bandintern auch genannt?

a) Kirschwasserkönig
b) Rampensau
c) Prediger

5. Wer prägte entscheidend den Look der Toten Hosen?

a) Karl Lagerfeld
b) Jean-Paul Gaultier
c) Trini Trimpop

6. Was geschah mit der Landkirche bei Fürstenfeldbruck, nachdem die Hosen dort ihr „Bommerlunder"-Video gedreht hatten?

a) Sie wurde neu geweiht.
b) Sie wurde abgerissen.
c) Sie wurde von der UNESCO zum Weltkulturerbe erklärt.

7. Wer trat zu Beginn ihrer Karriere in ihrem Vorprogramm auf?

a) der echte Freddy Quinn
b) der wahre Heino
c) der richtige Roy Black

8. Auf wessen Hochzeit spielten die Hosen 1987?

a) auf der von Campinos Tante Elke Heidenreich
b) auf der von Nora und Thomas Anders
c) auf der von Nina Hagen & Iroquois

9. Mit wem nahmen die Hosen in Rio de Janeiro einen Song auf?

a) mit dem Posträuber Ronald Biggs
b) mit dem Fußballer Ronaldo
c) mit dem Girl von Ipanema

10. Was wurde aus dem Echo, den die Schallplattenindustrie ihnen 1994 für ihr Marketing verlieh?

a) Sie entsorgten ihn in einer eigens mitgebrachten Mülltüte.
b) Sie verlosten den Staubfänger in ihrer MTV-Show.
c) Sie vergaßen ihn in irgendeiner Kneipe.

11. Mit wem trafen sich die Hosen zu einem Duell der Volksmusik?

a) mit den Wildecker Herzbuben
b) mit Gerhard Polt und den Biermösl Blosn
c) mit dem Original Napalm Duo

12. Unter welchem Namen gingen Die Toten Hosen 2000 auf *Magical Mystery Tour?*

a) Essen auf Rädern
b) Die Toten Ärzte
c) Die Angefahrenen Schulkinder

13. Warum nahmen die Hosen Iggy Pops Song „The Passenger" in ihr Repertoire auf?

a) weil ihr Tourmanager Jäki Eldorado dazu einst Iggy Pops Knie abgeleckt hat.
b) weil ihnen auffiel, dass sie noch keinen Song von ihm im Programm hatten, als Iggy Pop zu ihnen auf die Bühne kam.
c) weil der Text von „the bright and Hollow Skai" handelt.

14. Welche Stadt verlieh den Hosen 2012 die Ehrenbürgerschaft?

a) Düsseldorf
b) Köln
c) Buenos Aires

15. Was steuerte Kuddel zum Punkrock-Kochbuch *Harte Kost* bei?

a) ein Rezept für Spiegeleier mit Schinken
b) ein Rezept für ein veganes Müsli
c) ein Rezept für alkoholfreien Jägermeister

16. Mit wem verglich Vom Ritchie die „elder statesmen" Andi und Campino?

a) mit George W. Bush und Tony Blair
b) mit Gerhard Schröder und Wladimir Putin
c) mit Boris Johnson und Donald Trump

17. Wie hieß der Hosen-Hit „Tage wie diese“ ursprünglich?

a) Kegeln gehen
b) Kugeln sehen
c) Kreise drehen

18. Wie lautete der Titel von Cordula Kablitz-Posts Film-Doku über Die Toten Hosen?

a) Weil du nur einmal lebst
b) Man lebt nur zweimal
c) Johnny English – Man lebt nur dreimal

19. Wen lernte Campino in Johannes B. Kerners Show kennen?

a) den Ex-Präsidenten der UdSSR Michail Gorbatschow
b) den amtierenden russischen Präsidenten Boris Jelzin
c) den späteren russischen Präsidenten Wladimir Putin

20. Welche Freundin von Campino spielte im Hosen-Clip zu „Kein Alkohol (ist auch keine Lösung)!“ mit?

a) Andrea Berzen
b) Gabo
c) Karina Krawczyk

21. Wer schlug Campino auf einem Flughafen die *Bild* aus der Hand, weil man so ein „Lügenblatt“ nicht liest?

a) Uli Hoeneß (FC Bayern München)
b) Berti Vogts (DFB)
c) Klaus Allofs (Fortuna Düsseldorf)

22. Was machte Trini Trimpop, nachdem er bei den Toten Hosen fertig hatte?

a) Er vermietete Dreamcars an Filmproduktionen.
b) Er moderierte die Sendung *Keynote* für den TV-Kanal 4.
c) Er schrieb einen Roman über einen Techno-DJ auf Ibiza.

23. Wie überwand Kuddel seine Spielsucht?

a) indem er sich zuhause einen Spielautomaten aufhängte.
b) indem er mit Max Kruse und Kalle Schwensen zockte.
c) indem er endlich erwachsen wurde.

24. Breiti ist eigentlich ...

a) ... ein passionierter Jazzmusiker.
b) ... der Dichter der Band.
c) ... ein begabter Aquarellmaler.

25. Welchen Film drehte der Regisseur Wim Wenders mit den Toten Hosen?

a) Buena Vista Social Club
b) Im Lauf der Zeit
c) Warum werde ich nicht satt?

26. Campino hat mal gesagt, dass die Hosen etwas ebenso wenig könnten wie Musik zu machen, bei Musik fiele ihr Unvermögen aber nicht so auf. Was meinte er?

a) Theater
b) Eishockey
c) Flippern

27. Von wem stammt das Cover der Hosen-Single „Draußen vor der Tür“?

a) Gerhard Richter
b) Werner Büttner
c) Albert Oehlen

28. Warum nahm Vom die deutsche Staatsbürgerschaft an?

a) weil Campino die britische angenommen hat.
b) weil er Bürgermeister von Düsseldorf werden will.
c) wegen des Brexits.

29. Welche dieser Touren haben Die Toten Hosen nicht unternommen?

a) Fahrradtour durch die DDR
b) Motorradtour durch Indien
c) E-Scooter-Tour durch das Silicon Valley

30. Welcher Preis wurde den Toten Hosen noch nicht verliehen?

a) der Orden wider den tierischen Ernst
b) das Große Verdienstkreuz mit Stern und Schulterband
c) das Deutsche Sportabzeichen

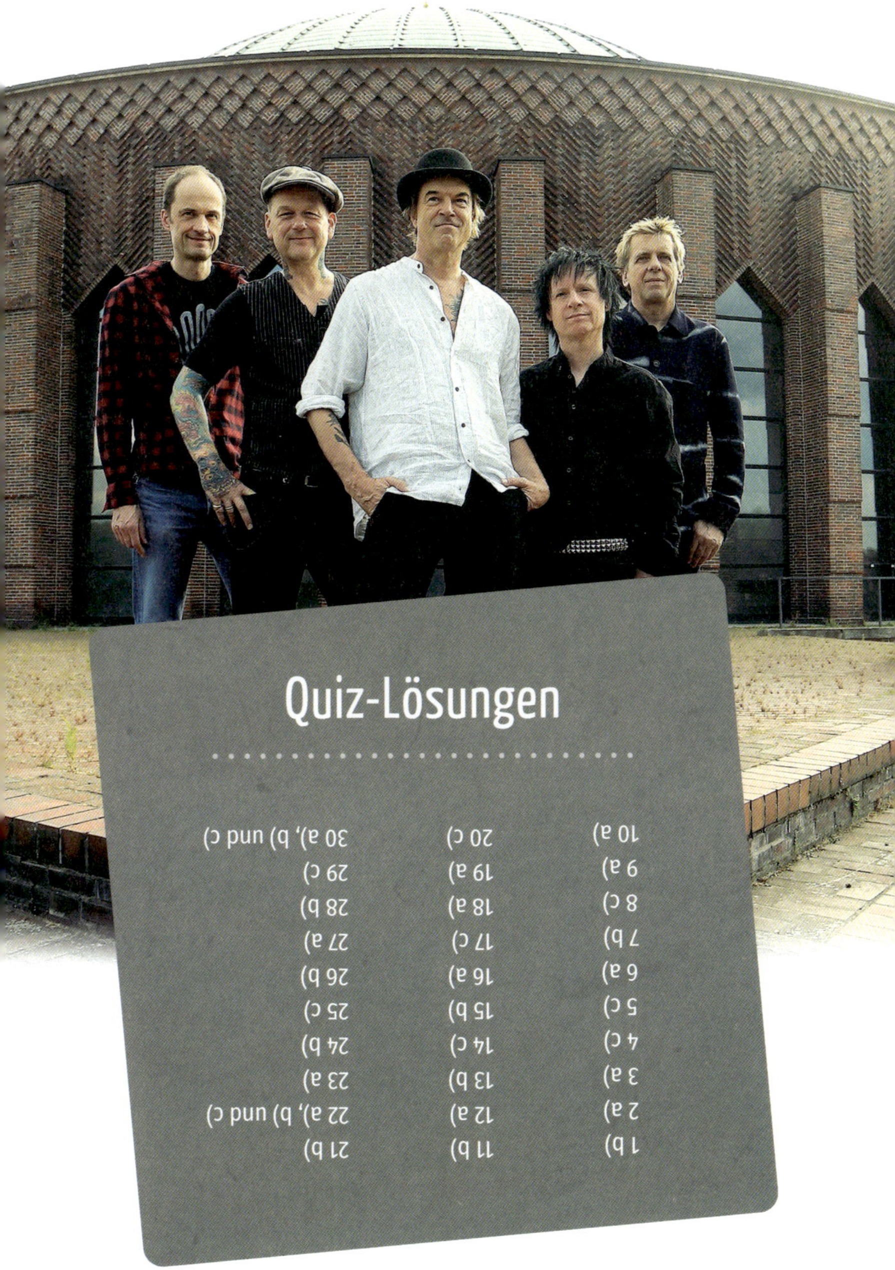

Quiz-Lösungen

1 b)
2 a)
3 a)
4 c)
5 c)
6 a)
7 b)
8 c)
9 a)
10 a)
11 b)
12 a)
13 b)
14 c)
15 b)
16 a)
17 c)
18 a)
19 a)
20 c)
21 b)
22 a), b) und c)
23 a)
24 b)
25 c)
26 b)
27 a)
28 b)
29 c)
30 a), b) und c)

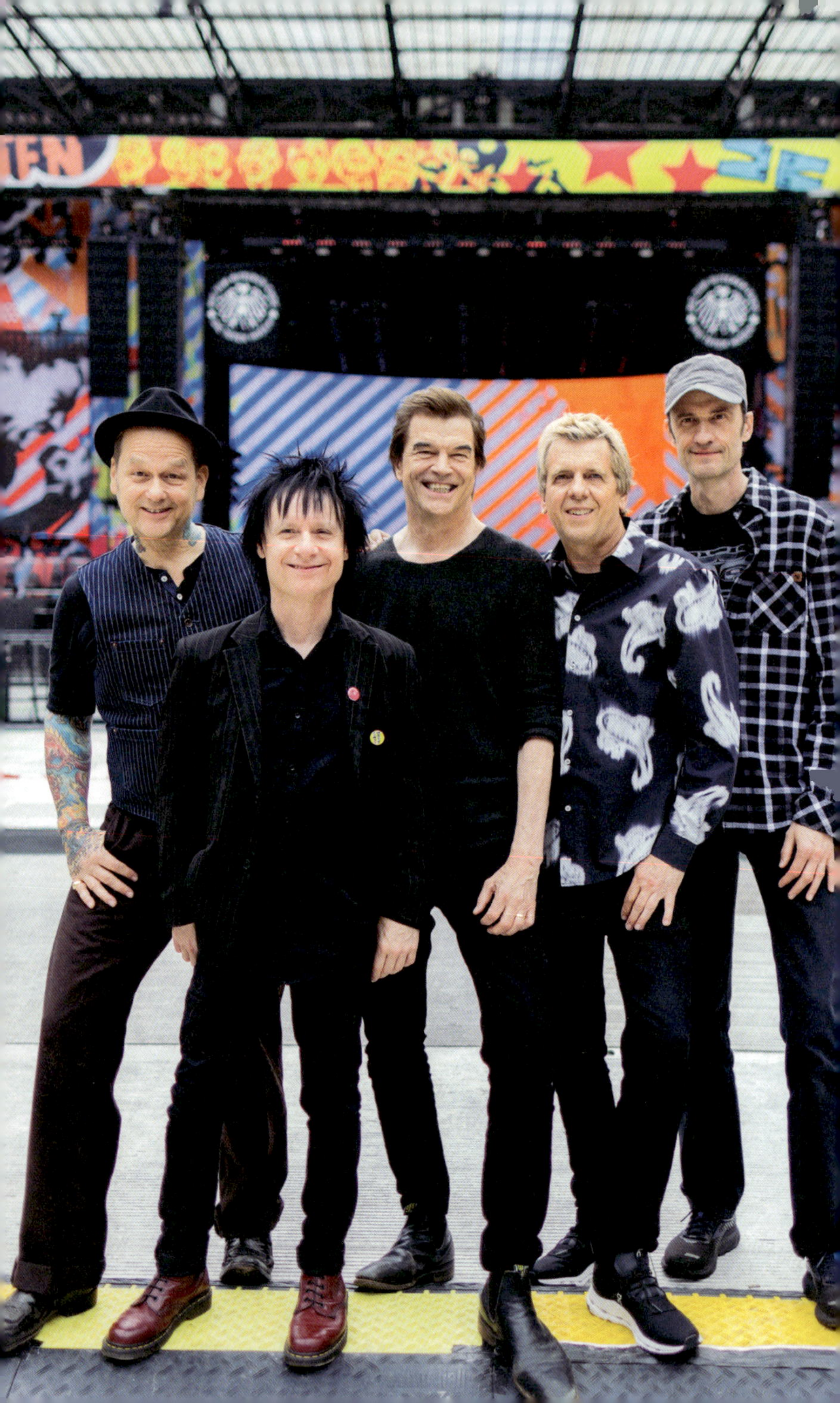

Zitate

„Wer bis zum Hals in der Scheiße steckt, sollte nicht den Kopf hängen lassen."

Campino

„Wir spielen so, wie wir Auto fahren: nicht besonders gut, aber immer so schnell wie möglich."

Michael Breitkopf

„Das Schöne am Punkrock war, dass man einfach loslegen konnte."

Andi Meurer

„Scheiß auf alle Regeln, mach dein eigenes Ding."

Patrick Orth

„Von den Hosen lernen, heißt siegen lernen!"

Danger Dan (Antilopen Gang)

„Rock'n'Roll ist wie Lotto spielen. Es gibt kein Patentrezept für Ruhm und Reichtum."

Campino

„Die Toten Hosen sind die bestfunktionierende Scheindemokratie der Welt."

Vincent Sorg